# 21C 세계 속의 중국

# 21C 세계 속의 중국

왕옥지 지음

문운당

# 머리말

글로벌 시대에 처해 있는 우리는 국제 각국의 문화, 즉 특정 국가의 역사 · 의식 · 생활문화 · 사회현상 · 정치 · 경제 등에 대한 이해와 습득이 필요하다. 그러나 국제 각 국가를 대상으로 다루기에는 범위가 상당히 광범위 하고, 내용이 깊이가 없어진다. 그러므로 이 책에서는 현실적 차원에서의 기초지식에 대한 기본적 이해를 위하여 '인류의 문화와 역사'를 큰 맥락에서 다루는 동시 지금 G2로서 미국과 나란히 국제 정세를 논하고 있고, 세계의 이목이 몇 십 년 동안 집중되어 있는 나라, 우리나라와 역사적으로 지리적으로 밀접한 관계를 맺고 있는 나라, 중국의 제반 지식을 다루고 있다. 이 책은 큰 흐름의 '인류 문화 · 역사'와 중국(중국과 중화권 지역)을 알기 위한 첫걸음 입문 지식이라 할 수 있다. 특히 '인류의 문화와 역사'의 큰 흐름을 통해 중국에 대한 이해의 필요성을 짐작하게 한다.

이 책은 '중국의 모든 것', 중국문화를 다룬 서적으로 ≪중국 길라잡이≫ · ≪중국읽기≫ · ≪중국이야기≫ · ≪불변의 나라 중국≫ 등 여러 책 이름을 붙일 수 있으나, 이 책은 인류의 문명 · 문화 · 역사 흐름 가운데의 중국(중국과 중화권 지역)이란 특성을 살려, 책 이름을 ≪21C 세계 속의 중국≫으로 지었다.

서명에 걸맞게 내용 또한 딱딱한 교과서적 서술법에서 벗어나 구체적이고 체계적이며, 개관적이고 실용적이며, 살아 있는 인류 문화 · 역사의 큰 흐름과 중국을 서술하고 있을 뿐 아니라, 저자의 생각, 즉 가치관과 역사관 등이 이 책에 녹아 있다.

이 책의 특징

① 교과서적 서술법에서 벗어나 구체적이고 체계적이며, 개관적이고 실용적이며, 깊이 있고 살아 있는 서술법 사용.

② 인류 문화 · 역사의 큰 흐름 및 중국(중화권 지역)을 객관적 역사관에 입각하여 두루 다룸.

③ 광의적인 중국에 입각하여 중국의 정세 · 경제 · 사회 현상 및 중국을 이해함에 있어 기본적으로 갖추어야 하는 문화 상식 등을 전반적이고 현실적으로 다룸.

④ 21세기 세계의 G2에 대해서도 간결하게 담고 있다.

끝으로, ≪21C 세계 속의 중국≫, 이 책이 여러분의 유익한 벗이 되길 바라며, 이 책을 통하여 인류 문화 역사가 기초로 한 '중국통(中國通)'이 되시기를 바랍니다. 그밖에 코로나19로 더욱 어려운 상황 속에서도 출판을 해주신 문운당 출판사 여러분에게 감사의 말씀 드립니다.

2021년 2월

왕 옥 지

차례

## 제1장 인류의 문화와 역사 - 현실적 차원에서의 기본지식 -



## 제2장 불변의 나라, 과거와 현재가 공존하는 거대한 나라, 중국

## 제3장 지금의 중국 사회를 이해하기 위한 심층지식

## 제4장 사회정책과 사회현상



## 제5장 정치와 공산당

## 제6장 Chimerica · Chindia · Chiwan등의 출현과 같이 세계를 경악시키는 중국 경제



## 제7장 중국인의 시간적 거울, 중국의 대서사시, 역사

# 제8장 4대 직할시와 관광명소

# 알아두기

알아두기 1

중국 고유명 표기 기준: 우리나라에서 익숙한 표기법 사용(과거에 많이 사용하였던 우리의 한자음 표기와 현재 사용하고 있는 중국어 발음에 의한 표기)

그러나 고유명이 처음 출현할 경우, 일반적으로 우리의 한자음과 중국어 발음에 의한 표기를 모두 다루었음.

알아두기 2

중국의 고유명인 경우 중국에서 사용하는 한자 간체자로, 대만의 고유명인 경우 대만에서 사용하는 한자 번체자(정자: 우리 한자)로 명기

알아두기 3

역사기술에 대하여: 역사는 기술자의 입장과 관점에 따라 달리 기술될 수 있다. 중국과 대만의 입장 차이가 있듯이 역사에 대한 기술 역시 다르므로, 독자가 현명하게 흡수해야 하는 부분이 내재되어 있다. 특히 번역서인 경우 더욱 그러하다.

1장

# 인류의 문화와 역사

## –현실적 차원에서의 기본 지식–

# 1. 고대 4대 문명으로 보는 인류의 문화와 역사

인류가 야만시대에서 문명시대로 발전한 인류의 문명에 대하여 '고대 4대 문명'이란 말이 있다. '고대 4대 문명'[1]은 메소포타미아 · 이집트 · 인더스 · 황하 문명을 말한다. 인류가 문명을 만들면서 인간사회가 형성되어, 마을을 이루면서 살았고, 문자를 사용했으며, 대도시 국가를 탄생시켰다.

1 **문명과 문화에 대한 정의**
문명(文明)', '문화(文化)'의 문(文)은 외면에 표출되는 현상이며, 명(明)은 밝다, 화(化)는 변화 · 진화 · 탐구 · 창조를 의미한다. 그러므로 '문명(文明)'은 '야만(野蠻)'의 반대말로 인류가 동물과 구분 없는 시대에서 개화되는 상태를 뜻한다. '문화'는 인류생활의 필요에 의하여 부단히 창조하고 발전된 지혜와 노력의 '산물(産物)'이다. 즉 문화는 인류의 공동생활방식이며, 물질문화와 비물질문화로 크게 구분할 수 있다. "문명은 있으나, 문화는 없다"란 말은 곧 "사회는 개화되었으나, 정신세계는 아직 인생이치를 추구하지 못하였다"는 뜻이다.

[고대 4대 문명지]

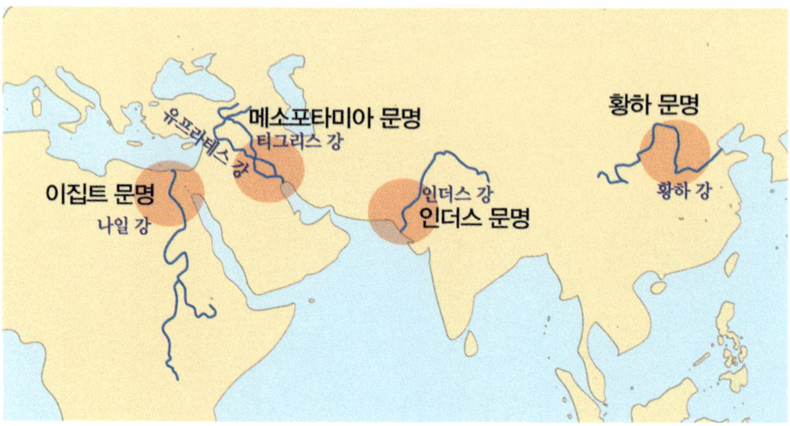

## 메소포타미아 문명

메소포타미아는 서아시아 지역(중동 지역)[2] 유프라테스 강과 티그리스 강 사이에 위치하는 비옥한 땅, 초생 달 모양의 지역을 말하며, 이 지역을 '기름진 비옥한 초승 달 지역'으로 불렀다. 메소포타미아 문명은 6,000년 이전에 시작되어, 수메르 문명[3]을 꽃피우며, 여러 도시 국가가 형성하게 되었다. 그리고 메소포타미아 북쪽에 위치한 아카드 왕국이 메소포타미아를 통일하였고, 그 후 바빌로니아(수도 바빌론에서 국명 유래) 왕국의 지배를 받게 되었으나[4], 바빌로니아 왕국의 번영은 오래 가지 못하고, 카시트, 히타이트 등 주변 민족의 침략으로 멸망한다. 그리고 또 아시리아의 지배를 받다가 아시리아 제국이 무너지고, 신바빌로니아 왕국이 세워진다. 그 후 메소포타미아는 아케메네스 왕조 페르시아의 지배를 받았는데, 알렉산드로스 3세가 아케메네스 왕조 페르시아를 정복하였다. 그 후 메소포타미아는 파르티아 왕국을 거쳐 사산 왕조 페르시아와 로마 제국의 지배를 받았다. 메소포타미아 지역은 지금의 이라크 · 시리아 · 터키 · 쿠웨이트 · 이란의 일부 지역이며, 고대 메소포타미아 지역은 사막화가 일어나 1970년대에는 석유의 혜택으로 잘 나가는 듯 했지만, 1980년대 이후 계속 되는 전쟁(이란과 이라크 전쟁, 시리아 내전)과 이라크 레반트 이슬람국가(IS)[5], 사이비 종파로 구성된 테러조직의 빈번한 테러 등으로 살기 힘든 곳이 되었다. 제2차 세계 대전 이후에도, 국가간 충돌이 가장 많이 가장 지속적으로 발생되는 곳이 바로 중동 지역이다. 그들은 국경 · 종교 · 민족 등 문제로 싸우고 있다. 같은 문화를 지닌 사람들로 자연스럽게 한 국가가 형성되어야 하는데, 이 지역은 타의에 의해 국경이 나누어지다 보니 마찰이 자주 일어난다. 예루살렘은 유대교 · 기독교 · 이슬람교의 성전이 있는 곳으로 전쟁이 자주 일어난다.

2 **중동과 서아시아의 개념**
서아시아의 이슬람을 기초로 한 아라비아문화가 이슬람 제국시대 때 북아프리카에 영향을 미치므로, 이집트 등의 북아프리카를 포함하여 중동이라고 함.

3 **수메르 문명과 역사**
수메르인은 고대 메소포타미아 남부에서 살던 인류로 고대 메소포탈미아 지역에서 가장 도시화되고 오래된 문명을 발생시켰다. 지금의 이라크이다.

4 **함무라비 법전**
이 법전은 기원전 1792년~1750년, 바빌로니아를 통치한 함무라비 왕이 공포한 고대 바빌로니아의 법전이다. 함무라비 법전은 바빌로니아인이 인류에 남긴 가장 큰 유산이다. 이 법전은 돌기둥에 새겨 공포하였으므로 오늘 날까지 원형으로 보존하고 있다.

5 **이라크 레반트 이슬람국가(IS)**
이슬람 근본주의를 표방하는 테러 단체이며, 주로 이라크와 시리아 일대를 중심으로 활동하고 있다.

현재 이라크의 여러 지역과 이란의 일부 지역에서 메소포타미아 문명의 유적이 발견되었다. 바빌론은 고대 메소포타미아의 고대 도시이며, 기원전 2,300년경부터 고대 바빌로니아의 '성스러운 도시' 성지로, 기원전 612년 신 바빌로니아에 이르기까지 중심 도시라고 할 수 있다. 지금 이라크 바빌 주 힐라에 있는 바빌론 유적지로 바그다드 남쪽에 위치한다. 바빌론 유적은 세계적으로 유명하다. 바빌론의 공중 정원 유적은 고대 세계 7대 불가사의 중의 하나이다. 그러므로 메소포타미아 문명을 또 바빌론 문명이라고 하는 사람도 있다.[6]

6 유명한 바빌론의 유적

① 바빌론의 공중정원: 바빌론의 거대한 고대 옥상 정원단지. ② 바빌론의 문: 신바빌로니아 수도 바빌론 성벽의 출입구. ③ 바벨탑: 바벨(Babel)은 구약성경에 나오는 지명이자 고대 바빌로니아의 도시 명으로 전한다. 바벨탑은 이집트의 피라미드보다 훨씬 이전에 건축된 고대 고층 건축물로서, 구약성경 창세기에 등장하므로 세계에서 가장 유명하다할 수 있다. 고대 메소포타미아와 엘람 도시에서 모시는 신에게 바치는 성탑으로, '지구라트'라고도 한다. '지구라트'는 '높이 세워 올린 탑'이란 뜻이다. 성경에는 '바벨탑'으로 등장한다. 고대 수메르 문명의 중심도시 중 하나이며, 지금의 이라크 남쪽에 위치한 우르 유적이 있으며, 지구라트로 우르 지구라트가 유명하다. 바벨은 '신의 문'이란 뜻이라고 하는데, 인간이 이곳에 하늘에 닿을 높은 탑을 쌓자, 신은 인간이 신의 권위에 도전한다고 생각하여, 인간의 오만함에 벌을 주어 결국 인간은 탑을 쌓지 못한 채 한 곳에 모여 사는 인간을 온 세상으로 흩어지게 하고, 서로 말을 알아듣지 못하게 했다는 내용이다.

## 이집트 문명

이집트 문명은 6,000년 이전에 나일 강 유역에서 문명이 시작되었고, 지금의 이집트이다. 나일 강은 석기시대부터 정기적으로 범람하므로 풍요로운 식량을 확보할 수 있었다. 강이 범람하면 강바닥의 영양분이 주변으로 흘러 가 주변 땅을 비옥하게 만들어 주기 때문에 농작물이 풍성해서, 인간의 근본문제가 되는 먹고 사는 일이 여유를 가지면서 문명이 하나하나 만들어지게 된다. 고대 이집트는 원래 상 이집트와 하 이집트로 나누어져 있었고, 많은 부족들이 있었다. 그 후 전설 속의 메네스가 통일을 하면서 왕국의 기틀이 마련되었고, 강한 힘을 지닌 왕조가 건설되었으며, 왕 중심의 문명을 키워나가면서 문화가 발달하였다. 이집트 왕은 절대적인 막강한 권력을 가지며, 태양신을 숭배한 고대 이집트는 이집트 왕을 '파라오' '태양의 아들'로 불렀다. 그리고 왕이 죽자 거대한 무덤 피라미드를 건축하여, 왕의 시신을 미라로 만들어 보존하였다.

이집트 문명은 메소포타미아 문명과는 달리, 지중해라는 바다와 사막으로 둘러싸여 외부 민족의 침입을 어렵게 하는 좋은 지리적 조건 속에서 이집트 고대 문명은 약 2,500년 동안 변화 없이 비교적 안정적인 발전을 이루었으며, 자신들의 고유 문명과 문화를 보존할 수 있었다. 이렇게 길고 긴 평화로운 생활을 이어오면서 문명의 발전을 거듭한 고대 이집트 역시 내부적으로 문제가 발생하게 된다. 피라미드 같은 대규모 공사에 재정이 바닥나고 이집트인들의 살림도 어려워져 불만이 커졌다. 그리고 기원전 1,600년경에 서아시아의 유목 민족인 힉소스의 침략 후 이집트의 힘이 약해졌다. 기원전 800년경 에티오피아의 지배에 이어  기원전 600년 후반에 페르시아와 알렉산드로스 왕의 통치를 받았고, 이집트 문명은 페르시아 제국 정복이후 이집트 왕조가 억압되면서 순수 이집트 문명 역시 억압되어 사라졌다고 할 수 있다. 이집트를 정복한 알렉산더 대왕 때 이집트는 다시 부활되었고, 알렉산더 대왕 사후, 프톨레마이오스가 파라오라 칭하였으며, 그리고 로마 시대로 이어진다. 기원후 700년부터는 아랍 이슬람 세력에게 정복되면서 이집트 문명과 문화는 서서히 쇠퇴의 길을 걷게 되었다. 이집트는 메소포타미아처럼 외부의 침략 원인도 있지만, 내부적인 쇠약함으로 무너지고 붕괴되었다고 할 수 있다.

이집트 문명은 지리적으로 메소포타미아 문명과 가까이 위치하므로, 두 지역은 오래 전부터 서로 교류를 해왔으며, 이 두 중동의 문명은 중동 문명과 서양 문명의 근원지라 할 수 있다.

현재 이집트 북쪽 지역(지중해)과 나일 강 유역에서 많은 이집트 문명의 유적들이 발견되었다.

## ◎ 인더스 문명

인더스 문명은 약 6,000년 이전에 인더스 강 유역에서 문명이 시작된다. 지금의 파키스탄 · 인도의 북서쪽 일대이다. 인더스 문명 유적지는 하라파 유적과 모헨조다로 유적이 주를 이룬다. 인더스 문명을 또 '하라파 문명'이라고도 하며, 메소포타미아 문명이나 이집트 문명과 같이 강 유역에 국한되지 않고, 광범위한 지역에 걸쳐 문명이 발달되었다. 인더스 문명은 기원전 십 수세기 경부터 쇠퇴하다 수세기 후 몰락하였다. 인더스 문명은 아직 문자 해독이 이루어지지 못하므로, 몰락한 이유에 대해서 여러 학설이 거론되며, 여러 원인 중 하나는 수계와 기후 변화로 인해 문명 도시의 식량 수요 문제가 발생되고, 농경지가 사라져, 이 문명 도시는 버려진 땅이 되었다. 하라파 사람들은 정교한 도시를 건설하였고, 메소포타미아 지역민과 장거리 교역을 하였으며, 고대 로마보다도 앞서 하수도 시스템을 발명하였지만, 3,800년 경 이전에 자신들의 문명 도시를 버리고 히말라야 산기슭 작은 마을로 옮겨갔다는 것이다. 갑작스런 문명의 쇠퇴와 몰락에 대해서 기후변화설이외 또 아리안 족의 침략설과 지진 설 등이 거론되어 왔다.

인도 경전에는 고대 문명에 대한 암시가 있었지만 학자들에게 무시되어, 인더스 문명은 고대 중동 문명과는 달리 1920년대에 이르러 비로소 알려지게 된다. 1921년 마샬이 인더스 문명의 거대 도시를 발굴하여 그 전모가 드러나면서 부각되었다. 그러나 인더스 문명의 기원과 형성에 대한 증거가 제한된 상태에서 인더스 문명은 약 4,500년경 전에 메소포타미아 문명이 전파되면서 등장하였다는 것이 일반적 견해였으나, 이를 뒷받침할 수 있는 이렇다 할 증거 역시 충분하지 못한 상황이며, 다만 현재까지는 파키스탄과 북서 인도, 즉 인더스 문명 이전 단계에 대한 조사가 이루어지지 않고 있다는 것이다.

## 황하 문명

황하(黃河) 문명은 6,000년~7,000년 이전에 황하 유역에서 문명이 시작된다. 황하는 엄청나게 크고 우기에 접어들면 연간 강우량의 절반에 달하는 강우량이 집중적으로 내려 홍수가 일어난다. 황하 중류의 걸쳐 넓게 분포된 황토 지역인 황토고원(黃土高原)의 황토 영향으로 황하는 한마디로 흙탕물이다. 그러므로 '누를 황(黃)'인 황하라고 한다. 놀라운 것은 이러한 흙탕물에서 중국의 황하 문명이 탄생하였다는 것이다. 황하가 범람하여 홍수를 일으키면 주변 땅은 피해를 받지만, 홍수의 피해가 덜한 지역으로 흙탕물이 흘러들면 농사에 도움을 주는 영양분을 실은 토사가 주변 농지에 뿌려주므로, 황하 주변의 땅은 자연스럽게 비옥한 땅이 되어 문명을 발달시켰다. 이러한 비옥한 땅은 선상지대(扇狀地帶: 강물이 쓸려 온 토사가 부채모양으로 쌓인 지대)를 이루며 매우 넓게 형성되어 있다. 지금의 중국 북부 일대(넓은 화북지역)이며, 황하가 범람원을 형성하는 지금의 산서성(山西省: 산시성), 하남성(河南省: 허난성) 일대가 기존에 황하 문명의 주 권역이며, 이외에도 하북성(河北省: 허베이성), 산동성(山東省) 등 지역에서도 황하 문명의 유물이 지속적으로 발굴되고 있다. 황하문명의 유적은 7,000년 이전의 앙소문화(仰韶文化: 채도문화, 모계씨족사회의 유물), 5,000년 이전의 용산문화(龍山文化: 흑도문화, 부계씨족사회의 유물) 및 여러 문화 유적이 있다.

중국 황하 문명이외 중국 장강(양자강) 유역 일대에서도 유적이 발견되고 있다. 때문에 황하 문명을 '중국 문명'이라고 한다. 장강(長江: 창장) 문명과 황하 문명은 모두 중국 문명이지만, 두 개의 계통으로 나누어지다가 중국의 춘추전국시대와 진시황의 나라 진나라 그리고 한(漢)나라를 거쳐 이 두 문명은 융합하여 중국 문명으로 이어지게 된다(고고

**황하문명과 중국 고대 도읍지 그리고 '중원'**

황하는 지금의 청해성(青海省)에서 발원하여 북으로 내몽고(內蒙古)까지 흘러 다시 밑으로 섬서성(陝西省)의 서안(西安, 옛 장안) 부근에서 동쪽으로 하남성(河南省) 낙양(洛陽)과 산동성(山東省)을 거쳐 동쪽 바다로 흘러간다. 서안과 낙양은 중국의 고대 도읍지로 매우 중요한 역사 무대이다.

중국 역사에서 소위 '중원(中原)의 패권'이란 말에서 '중원'은 과연 어느 지역을 말하는가? '중원'은 바로 지금의 낙양이 위치한 하남성과 산서성(山西省) · 하북성(河北省) · 산동성의 일부 지역을 말한다. 여기가 옛 중국의 중심무대였다.

4,100년 이전의 하(夏) 왕조의 도읍지는 산서성의 안읍(安邑), 3,500년 이전의 상은(商殷) 왕조는 하남성의 소둔촌(小屯村), 3,100년 이전의 주(周) 왕조는 섬서성의 서안, 2700여 년 전의 춘추시대(春秋時代) 주왕실의 도읍지는 낙양이었다.

학적 결과에 의함).

'고대 4대 문명'을 통해 '인류 문명'은 '강 유역'에서 발생되었음을 알 수 있다. 장강은 중국에서 가장 긴 강이지만, 황하 문명이 시작되는 그 당시에는 장강 유역은 삼림이 무성하여 농사를 짓는데 불가능한 반면, 황하 유역의 흙탕물인 황토의 토양은 영양분이 풍부하여 비료가 없어도 농작물이 성장할 수 있고, 공기가 잘 통하여 배수도 잘 되고 용수량도 많아 경작의 좋은 조건을 지니고 있다.

메소포타미아 문명과 이집트 문명은 인더스 문명과 서로 영향을 미쳤지만, 황하 문명은 서북쪽 신강의 타클라마칸 사막과 서남쪽 히말라야 산맥이란 장벽에 가로막힐 뿐 아니라 거리도 멀어서, 황하 문명은 독자적인 발전을 이루게 된다. 그러므로 메소포타미아 문명, 이집트 문명, 인더스 문명을 서양 문명, 황하 문명을 동양 문명으로 크게 구분하기도 한다. 또한 '고대 4대 문명' 중, 중국을 제외한 지역의 문화는 모두 각각 희랍 · 로마 · 히브리 등 문화로 대체되었다. 유일하게 중국만이 중국 문화의 맥을 보존해 내려오고 있다. 중국은 13C 약 100년가까이, 17C 약 270여 년 동안 각각 몽고족과 만주족에게 통치가 되었으나, 중국의 전통문화는 살아있고, 중국 문명과 더불어 만들어진 문자인, 한자는 갑골문(甲骨文)에 의하면 3,500년, 문자기록에 의하면 5,000년 동안, 지금까지 사용해 오고 있다. 특히 상형 문자(그림 문자)를 사용하고 있다는 사실이다.

우리가 흔히 말하는 '고대 4대 문명' 또는 '세계 4대 문명'은 중국 청나라 말기 '변법자강운동'의 사상가인 양계초(梁啓超: 량치차오)가 자신의 저서인 ≪20세기 태평양가(二十世紀太平洋歌)≫ (1900년)에서 주장한 개념이다. 그러므로 서양에서는 '문명의 요람(Cradle of civilization)'이란 개념을 사용하며, '4대 문명'이외 '고대 안데스(Ancient Andes) 문명' 등 세계 각지의 문명과 문화를 열거한다. 또한 서양에서는 '지배자적 입지'에 입각하여 '4대 문명'을 구분한 것은 '오리엔탈리즘'과 '힘의 논리'에 기반 한 편협적인 사고라고 말한다. '문명의 요람'에 포함 여부는 문화가 아닌 독자적인 문명으로 볼 수 있는가가 관건이라 할 수 있다.

예컨대 혹시 현재까지 밝혀지지 아는 문명 도시가 발견된다면, 문명 지역은 '4대'에 구한하지 않을 것이다.

## 중국 인간사의 기원

중국민족의 기원은 황하(黃河: 황허)유역에서 비롯되었으며, 황하유역은 중국 민족의 발상지이면서 세계 4대 문명의 발상지 중 하나이다. 황하문명의 문화적 우위로 사방으로 번성해 나가 지금의 중국을 이루었다. 중국의 이러한 '불멸의 원인'은 ① 유구한 생명력, ② 탁월한 문화정신, ③ 풍부한 자연환경, ④ 한자, ⑤ 철학사상, ⑥ 다른 민족문화에 대한 포용력, ⑦ 과학기술 등으로 볼 수 있다.

| 돌을 사용하여 수렵생활을 하는 원모인(170만년 전)

| 불을 사용하는 북경원인(50만년 전)

| 간단한 옷을 입었을 것으로 추정되는 산정동인(1만 8천년 전)

실제 증거물(고고학)에 의하면 중국 역사는 50만 년 전까지 거슬러 올라갈 수 있다. 운남(雲南: 윈난)성의 '원모인(元謀人)'은 170만 년 전의 원시인류, 북경(北京: 베이징) 주구점(周口店: 쩌우커우뎬)의 '북경원인(北京猿人)'은 4~50만 년 전의 원시인류 등으로 추정되며, 북경원인은 두개골 용적이 현대인의 75%, 체형은 현대인과 흡사하므로 중국인, 즉 동양 인간역사의 기원으로 입증할 수 있는 실제 증거물인 셈이다.

# 2. 큰 흐름으로 보는 인류의 문화와 역사

인류의 기원 · 각자의 도생, 발전, 충돌하며 교류 · 동아시아 문화 서역 전파 및 세계사 중심에 선 아시아 · 세계사 중심에 선 유럽 그리고 새로운 세계사 · 20C 세계대전과 이후의 세계 · 미국과 소련의 냉전 시대, 민주주의와 공산주의의 대립 구도 · 21C 지구촌 속의 G2

### 인류의 기원:

인류의 기원은 '아프리카 기원설'과 '다 지역 기원설'이 있다. 인류는 아프리카 남단에서 생겨나 이들 일부는 북쪽으로 이동하여 그 중 일부는 유럽에 정착, 일부는 아시아로 이동하여 새 주인이 되었다고 한다. 아시아로 이동한 인류인 몽골로이드(Mongoloid)의 일부는 북방으로 이동하여 정착하였는데 바로 '북방 몽고로이드(몽골리언)'이고, 일부는 남방으로 이동하여 정착하였는데, 바로 '남방 몽고로이드'이다. 북방 몽고로이드는 추운 기후로 인하여 얼굴이 넓적하고 평평한 얼굴형, 남방 몽고로이드는 따뜻한 기후로 인하여 흑인과 유럽 사이의 얼굴형을 이룬다고 한다. 그리고 이들 남북의 몽고로이드는 아시아에 멈추지 않고,

일부는 또 남미까지 이동하였는데, 역사상 가장 긴 이동이라고 한다(이상은 SBS 문화대탐험 몽골리안 로이드, 1998.1 방송 참조). 이 방송 이전부터 인간의 유전자 분석에 의하여 '아프리카 기원설'이 전개되었다. 즉 현대 인류는 20만 년 전 동아프리카에서 '이브'라는 한 여성에서 시작되었다고 한다. 그러므로 또 '이브 가설'이라고 한다. 유전적으로나 언어학적으로 한국, 중국 북방, 티베트, 몽골, 일본, 에스키모, 아메리카 인디언이 같은 계통, 중국 남방과 동남아 지역 태국, 캄보디아, 인도네시아인, 필리핀이 같은 계통이다. 장강을 분기점으로 한 중국 북방인과 남방인의 생김새가 다르고, 지역 문화도 다르다.

반면 '다 지역 기원설'은 인류가 아시아 · 아프리카 · 유럽 · 미주 등 지역에서 동시에 존재했다는 것이다. 50만 년 전의 중국 베이징원인(北京猿人)에는 몽골로이드 계통의 인종만이 지닌 특징을 지니고 있다는 관점에서 베이징원인이 몽골로이드의 선조로 보는 사람도 있다.

예컨대 이 지구상의 인류가 언제 어떻게 나타났는지에 대한 해답을 21C 지금도 아직 풀지 못한 채 인류의 과제로 남아있다. 그러나 고고학에 의하여 원시인류의 역사는 300만년~200만년 이전으로 거슬러 올라갈 수 있다. 그리고 앞으로 고고학적 성과에 따라 인류의 역사는 또 다시 기록되어질 것이다. 아무튼 짐승과 불가분한 원시인류는 인류 진화를 거쳐 여러 지역의 문명을 창출하였고, 각 지역 각 민족 특유의 문화를 만들어냈으며, 인류 문화는 지금도 만들어지고 있다.

## 각자의 도생, 발전, 충돌하며 교류(BC 7C~)

인류 문명은 약 6,000년 전부터 서아시아 · 이집트 · 북아프리카 · 동아시아에서 '대 문명'이 발생하였고, 이밖에 세계 곳곳에서도 문명이 발생하였으며, 도생하여 인류의 문화는 거듭해 나갔다. 동시 다양한 세력들이 등장하고 충돌하고, 교류하였으므로 충돌, 융합, 정복, 혼란, 분열을 거듭해갔다. 즉 인류의 문명 지역에서 인류의 역사는 시작되었다.

2,700년 이전, 고대[7] 메소포타미아 북부지역에 위치한 아시리아가 서아시아인 '오리엔트[8] 세계'를 통일하고, 이집트에 이르는 대제국을 구축하였지만, 오래 가지 못하고 아시리아 제국은 무너지고 오리엔트 세계는 다시 분열된 후, 페르시아 제국이 통일시켰다. 페르시아 제국은 아시리아 제국과는 달리 이민족에 대한 개방된 정책과 화폐통일에 따른 활발한 교역으로 번성하였지만, 세력 확대를 위해 발칸반도를 정복하므로 그리스인과의 충돌로 멸망하였다. 이 충돌은 오리엔트 세계인 동양과 서양의 전면 충돌이었다. 오리엔트 문화가 '에게 문화'를 통해 그리스에 영향을 미친 것은 틀림없지만, 그리스 문화는 독창적 문화를 창조하고 발전시켜 오늘날 유럽 문화, 서양문화의 원천이 되었다고 할 수 있다. 한편 동서 첫 전면 충돌 이전 이탈리아의 로마는 세력을 키워나가면서, 그리스 제국을 멸망시키고 그 시대의 패권을 잡았다. 로마는 이탈리아반도를 중심으로 지금의 영국, 프랑스, 클레오파트라가 지배했던 이집트, 서아시아를 정복하고 지중해를 아우르는 대제국을 건설하였다. 서기 4세기 말경, 로마제국은 동서로 분열되어, 서로마는 100년도 채 안돼서 서유럽에서 번성해 가는 게르만족 중 하나인 프랑크 왕국에게 계승되면서 유럽 세계의 형성 바탕을 마련하게 된다. 한편 동로마는 그리스문화를 지키며 1,000년의 역사를 더 써내려간다.

7 **시대 구분**

시대 구분은 인류 역사를 시대로 구분하여 그 이해를 도우려는 지적 노력이라 할 수 있다. 역사는 개념적 틀이 없기 때문에, 시대 구분은 역사의 이해 과정 차원에서 그 의미를 가질 수 있다. 동일한 성격과 특징에 따라 공통점을 찾아내 크게 몇 등분으로 분류하는 것이다. 그러므로 지역과 사람에 따라 자의적이고 주관적으로 이루어지는 경우가 많다. 서양식의 시대 구분(고대 · 중세 · 근세 · 근대 · 현대) 은 유럽 역사 설명에 적절할 뿐이다. 중국 역사의 전통적 구분법은 주로 왕조 중심으로 이루어진다. 중국 역사의 시대 구분법은 19세기 서양문화의 영향을 받아 비로소(상고) · 고대 · 중고 · 근대 · 현대 등으로 구분하게 되었다. 중국을 무력화한 '중 · 영 아편전쟁'은 중국 역사의 전환점이자, 중국 근대사의 시발점이 되었다.

8 **오리엔트(the Orient), 동방세계(동방), 동양과 서양**

동양은 아시아의 중국 · 한국 · 일본 · 인도 · 동남아 등 지역이며, 넓은 의미로는 중동 지역까지 포함한다. 오리엔트(the Orient)는 원래 '해 뜨는 곳' '동방'이라는 뜻으로, 로마 시대에 이질적 문화에 대하여 동방세계란 뜻을 부가하였다. 그 후 유럽인의 지리적 지식에 따라 점차적으로 인도 · 중국 · 한국 · 일본 등 지역까지 확대되었다. 서양은 동양에 대한 상반적인 개념으로, 유럽 · 북아메리카의 여러 나라를 포함한다.

황하 문명을 꽃피운 중국에서는 구석기와 신석기 시대의 원시인류사회, 모계씨족사회(6,000년 이전), 부계씨족사회(5,000년 이전), 임금시대를 거치면서 세력 간의 충돌도 있었다. 그리고 4,000년 전에 첫 왕조인 하(夏) 왕조가 탄생되고, 3,500년 이전에 상(商) 왕조가 세워지는데, 상의 땅은 황하 유역과 북부에 구한되었고, 주(周) 왕조에 이르러 장강 북부까지 세력을 확대해 나갔다. 주왕조가 천자국과 여러 제후국으로 분열(춘추시대)되었다가 7개 강성한 나라(전국시대)를 거쳐 7국 중 진시황이 6개 나라를 멸망시키고, 장강 이남까지 최초로 중국을 통일시킨다. 20년도 채 안 돼 진시황의 나라가 멸망하고, 중국은 혼란기에 빠진다. 중국 역사의 특징이 '통일-혼란 또는 분열-통일'이 반복적으로 발생하였다는 것이다. 그러나 대체로 중국 순수민족 자체적 왕조교체이기 때문에 중국 문화에는 영향을 미치지 않았다. 주변의 이민족의 침략을 받았고, 그리고 13세기와 16세기에는 두 차례 이민족(몽고족, 만주족)에게 통치되었지만, 중국 고유 전통 문화는 크게 파괴되지는 않았다.

## ◎ 동아시아 문화 서역 전파(BC 202년 ~ AD 220년) 및 세계사 중심에 선 아시아(AD 13C) :

진시황의 나라 진 왕조가 멸망한 후 혼란기에 빠진 중국을 농민 출신인 유방(劉邦)이 귀족출신 항우(項羽)와의 싸움에서 승리하여, 기원전 202년에 한(漢) 왕조를 세운다. 한나라는 지금의 한반도와 베트남 등에도 세력을 뻗쳤다. 그리고 중국 북방의 거대한 유목민인 흉노 세력을 토벌하는 과정에서 서역(西域)과의 왕래가 시작되어, 한 왕조는 지금의 중국 신강성(新疆省)에 서역도호부(西域都護府)를 설치하여 서역과 이어주는 비단길, 실크로드를 개척하였으며, 중국의 비단 · 차 등 특산품과 서역의 특산품 교역이 시작되었다. 이 비단길은 장안에서 지중해와 로마제국에 이르렀으므로, 한 왕조는 서구 세계 로마 제국과의 문화적 · 경제적 교역을 활발하게 이어가면서 서로 영향을 미쳤다. 한 왕조의 실크로드 개척으로 인해 동아시아 문화를 서역과 로마제국으로 전파하면서 동서 문화의 교류가 시작되었고 동서양의 교역이 지속적으로 이루어졌다.

중국 만리장성 이북, 지금의 몽골을 중심으로 동쪽으로는 옛 만주 지역까지, 서쪽으로는 유럽의 헝가리에 이르는 거대한 초원을 '유라시아 초원'이라고 하는데, '제5의 문명'이라고도 한다. 이 넓은 초원은 옛 유목민들의 터전이자 그들의 무대가 되었다. 동서양이 큰 요동을 칠 때 이들은 부정적이든 긍정적이든 큰 영향을 미쳤다. 그러므로 이 초원의 역사를 모르면, 역사상 큰 줄기를 잃어버리게 된다. 여기에서 유목민족인 흉노족은 여러 유목부족들을 정벌하여 흉노제국을 세웠다. 흉노족이 언제 역사에 등장했는지는 자체적으로 기록이 없지만, 대체로 기원전 2250년대부터 중국 야사에서 언급하기 시작하였으며, 사마천(司馬遷)의 ≪사기(史記)≫에서 언급하고 있다. 한편 ≪사기≫의 ≪흉노열전(匈奴列傳)≫에서는 흉노족은 문자가 없고, 말로 약속을 하며, 남자들은 활을 당길 힘만 있으면, 모두 무장 기마병이 된다고 기록하고 있다. 한편 당시 중국에는 한 왕조가 건립되어 있었는데, 흉노족의 침략으로 기원전 200년에 한라나 황제 유방이 출전하여 흉노와 전쟁을 하였으나 백등산에서 유방의 군대가 포위되어 거금을 주어 유방은 풀려났다. 중국은 이를 '평성(平城)의 치(恥)', '평성의 치욕'이라고 한다. 그 후, 한 왕조는 공주를 흉노에 시집보내고, 조공을 했으며, 국경을 만리

**실크로드와 초원로드**
실크로드는 중국 서안에서 출발하여 난주(蘭州), 燉煌(돈황), 중앙아시아를 거쳐 지중해와 로마제국에 이르는 한(漢) 왕조가 개척한 비단길이다. 한편 초원로드는 동아시아 북방 유목민의 터전, 옛 만주에서 유럽의 헝가리에 이르는 대초원의 길, 초원과 초원이 이어지는 길, 초원길이다. 실크로드가 개척되기 이전에는 동서양의 교류 통로가 되었지만, 실크로드, 비단길이 개척된 후, 이 초원길은 역사 속에서 살아졌다.

**우리나라 '김(金)'씨 성의 유래**
흉노의 태자가 한 왕조의 포로가 된 후, 한 왕조에 충성을 다 해, 한 황제가 그에게 '김'이라는 성씨를 하사하였으며, 우리나라의 '김'씨는 여기에서 유래한다고 한다.

장성을 기준으로 하였으나, 흉노족은 계속 중국을 침략해 왔다. 한은 기원전 138년에 장군 장건(張騫)을 서역 대월지(大月氏)로 보냈으나, 장건은 10년 동안 흉노에 잡혀 있다가 탈출하여 대월지(大月氏)에 탐방하여 돌아오는 길에 1년간 또 흉노에게 잡혀 있다가 귀국을 하여, 대월지(大月氏)에서 들은 것을 소상히 한 무제(漢武帝)에게 알려, 기원전 126년에 한 무제는 14만 대군을 이끌고 출전하여 흉노를 무력화시켰다. 그리고 중국은 시크로드를 개척할 수 있었다. 그 후, 세가 약해진 흉노족은 점차적으로 역사에서 살아지게 되고, 세월이 흘러 흉노족의 세가 다시 점점 커지면서 서쪽으로 침입하여 게르만족의 서방 이동을 재촉시켜 결국 서로마 제국이 멸망하게 된다.

중세(5세기~14세기) 유럽이 종교 대립문제로 전쟁이 거듭되는 가운데 동아시아 중국의 북부에서는 유목민족이 세를 키워나갔으며, 징키스 칸의 몽골 세계제국을 건설하였다. 그들은 기마민족의 용맹한 기동력으로 중국 북방의 금(金)을 무너뜨린 후, 빠른 속도로 서진하여 당시 유럽 세계를 뒤흔들었다. 당시 유럽 북부에서 노르만족이 세운 키예프 공국을 함락하고, 1241년 폴란드와 독일 군대를 격파하였으며, 당시 서아시아의 아바스 왕조를 정복하여 동서를 정복한 몽고 대제국을 이루었다. 1271년 5대 칸인 쿠빌라이가 중국 북방을 차지하고 국호를 원(元)이라 하고, 1276년 쿠빌라이는 중국 남방의 남송(南宋) 왕조를 멸망시키고, 중국 전역을 통치하였으며, 고려를 속국으로 삼고, 일본을 두 차례나 침공하는 등 몽골 대제국 영토 확장에 힘을 쏟았다. 이는 중국의 첫 이민족 지배 사례이다. 그리고 육상과 해상 교역을 통해 아시아와 유럽을 하나로 잇는 거대한 상권을 형성하였다. 동서를 정복한 몽골 대제국의 역사는 약 1세기 이어가다가 쇠퇴의 길로 접어든다.

대 몽골 제국이 멸망한 후, 1368년 중국에서 중국의 순수 민족이 세운 명(明) 왕조는 해상교역을 중시하며, 인도 · 서아시아 · 동아프리카에 이르는 해상 원정을 통해 수많은 조공 국가를 얻으며, 명 왕조의 위세를 떨쳤다.

중국 동북부에 있는 여진족(女眞族)의 후예 만주족(滿洲族)이 1616년에 대두되어, 1619년 당시 명 왕조의 땅인 지금의 중국 요령성(遼寧省. 만주)을 침입 · 평정했다. 1644년 명에서 '이자성의 난'이 일어나 이자성(李自成)이 북경을 함락하자, 만주족의 중국 침략을 저지하는 요충지인 산해관(山海關)을 수위하고 있던 명나라 장수 오삼계(吳三桂)는 북경의 함락과 만주족의 중국침략이란 두 세력 사이에서 고민에 빠져 있을 때, 그의 아버지와 애첩이 이자성에게 잡혀갔다는 소식을 듣고, 만주족의 힘을 빌려 이자성을 치겠다는 생각에 만주족에게 요청의 서신을 보내고, 산해관의 문을 만주족에게열어주었다. 고양이에게 생선을 맡긴 골이 된 명 왕조는 만주족에게 멸망하였고, 만주족은 북경에 입성하여 중국에 청 왕조를 세웠다. 청 왕조는 대만을 포함한 중국 전역을 통치하였고, 몽골과 티베트를 간접 통치했으며, 당시 조선과 베트남, 버마 등 지역과의 조공 무역을 시행하여 동아시아에서의 명실상부한 종주국의 위엄을 확고히 하였다. 18세기 동아시아의 거대한 세력을 탄생시켰다.

## ◎ 세계사 중심에 선 유럽 그리고 새로운 세계사:

15세기 말, 포르투갈은 세력권을 넓히고, 아시아와의 집적 교역 개척을 위하여 바닷길을 이용하여 아프리카 · 인도로 향했고, 마침내 대항해시대가 시작되었다. 포르투갈은 인도의 코지코드에 도착하여 아시아와의 교역항로를 개척하여 인도의 향신료를 독점하였다. 포르투갈은 아프리카 남단을 돌아 동쪽 항로를 독점하였기 때문에, 한편 스페인은 대서양을 횡단하여 서쪽으로 돌아 아시아로 향했는데, 항해 중 아메리카 신대륙을 발견하게 된다. 그리고 중남미 국가를 하나씩 식민지화하였으며, 그곳에서 산출된 은 등으로 상당한 부를 축적하였다. 중남미 식민지에서 산출된 은이 스페인을 통해 전 유럽으로 대량 들어오게 되었다. 포르투갈과 스페인은 아프리카 · 아시아 · 중남미 지역과 연결되어 태평양 · 인도양 · 대서양을 이어주는 교역 항로가 열리게 되고, 세계는 유럽 중심으로 하나로 연결되었다. 이러한 영향으로 유럽의 봉건제가 쇠퇴하였고, 종교 개혁이 일어났으며, 영국 · 프랑스 · 네덜란드 · 오스트리아가 주권 국가로 부상하게 되었다. 로마교황을 중시하는 스페인은 대항해시대의 전개로 선교사를 전 세계에 파견하여 가톨릭을 널리 전파하였다.

남아메리카는 스페인 · 포르투갈 · 영국 · 프랑스 · 네덜란드 등 유럽 국가의 식민지가 되었고, 북아메리카(미국, 개나다) 역시 아시아를 향해 서쪽으로 항해하던 스페인이 발견하였지만, 영국과 프랑스의 식민지 전투 끝에 영국에 의하여 식민지화되었다.

17, 18세기에 영국과 청나라의 교역으로 중국의 차가 유럽에서 크게 유행했다. 설탕 수요 증가로 영국과 프랑스는 브라질 등 남미 지역에서의 사탕수수 재배를 확대하였고, 이에 필요한 노동력을 아프리카 흑인

노예로 충당하였으며, 남미에서 생산된 설탕 · 커피 · 면화 등을 자국과 다른 유럽 국가에 수출하였다. 이렇게 대서양을 횡단하는 무역은 부를 가져다주었으며, 이렇게 얻어진 돈은 18세기 후반 영국에서 일어난 산업혁명의 자금으로 사용되었다. 영국의 산업혁명은 자본주의를 발전시켰고 영국을 중심으로 한 자본주의 세계가 구축되었다. 그리고 영국은 세계 제일의 공업국가로 성장하였고, 18세기부터 오스트레일리아 · 뉴질랜드를 식민지화 했으며, 1877년에 인도를 식민지화하여 대제국이 되었다.

19세기 청나라 말, 중국은 청 왕조와 영국의 아편전쟁(1840년)과 청일전쟁(1894년)으로 서구열강과 일본에 분할 지배되고, 동남아시아 국가들은 식민지화되고, 1877년 인도가 영국의 식민지가 되는 가운데 일본은 열강 반열에 오른다.

### 미국의 탄생과 민주주의 이념의 확립 그리고 캐나다의 독립 :

북아메리카(미국)를 식민지화한 영국의 이주민이 북아메리카(미국)로 많이 이주해오면서 영국은 차츰 북아메리카(미국) 동부, 대서양 연안에 13개주의 기초가 되는 13개 식민지를 만들었다. 이 13개 식민지는 영국의 과세 강화 정책에 반발하여 조지 워싱턴을 중심으로 결속, 근대 최초의 공화제 국가, 미합중국 미국을 건국하고, 1774년 7월 영국으로부터 독립 선언을 하고, 프랑스의 지원과 유럽 국가의 호응으로 1783년에 영국으로부터 독립 승인을 받아 미국이 건국되었다. 자유 · 평등의 기본 인권과 인민 주권이 명기되어 있는 '독립 선언문'이 바탕이 되는 삼권분리 '미합중국 헌법'이 1787년에 발포되었으며, 지금 세계에 널리 팽창한 민주주의 기본 이념이 확립되었다.

제2차 세계대전 이후, 캐나다는 영국 정부의 간섭에서 점차적으로 벗어나, 외교정책을 독자적으로 추구했으며, 1982년 영국은 마침내 '영국령 북미 법'을 '캐나다 법'으로 대체시켰다. 캐나다는 완전한 헌법 관할권을 가지며, 영국과의 법적 유대를 완전히 끊었다. 예컨대 영국 · 미국 · 캐나다는 하나의 뿌리라고 할 수 있다.

## 20C 세계대전과 이후의 세계 :

20세기에는 세계대전이 두 차례나 일어난 시대이다. 19세기 말부터 세계는 세계 각지의 땅을 두고 열을 올렸다. 아프리카에서는 영국과 프랑스가 이권을 놓고 대립되었고, 러일전쟁에서는 유럽 국가들도 가세하여 영국은 일본을, 프랑스와 독일은 러시아를 지원했다. 1914년 오스트리아 · 헝가리와 세르비아의 분쟁을 계기로 유럽이 무대가 된 '제1차 세계대전'이 일어났고, 약 5년 동안 유럽 전 지역이 전쟁터가 되었다. 독일이 오스트리아 측에 섰고, 독일을 치고 싶었던 영국 · 프랑스와 발칸반도를 노리던 러시아는 연합해서 세르비아 측에 서서, 두 세력이 싸웠다. 그 후 미국이 연합군 측에 참전하자 독일은 휴전을 선언했으며, 이렇게 연합군의 승리로 1918년에 인류 최초의 대규모 전쟁 '제1차 세계대전'이 종결되었다.

'제1차 세계대전'때, 미국은 무기 · 식량 등을 유럽에 수출하면서 막대한 이익을 거두므로 세계 제1의 경제 대국으로 부상하여 세계에서 우뚝 섰으며, 영국과 프랑스에 거금을 빌려주어, 미국은 채권 국가가 되었다. 그러나 미국의 경기가 안 좋아져 서양 세계는 공황에 빠졌다.

전쟁을 치룬 유럽 국가들은 패전국이든 승전국이든 나라 경기에 큰 영향을 미쳤다.

이들 유럽 국가들은 식민지를 활용해서 경기를 회복하려고 하는 가운데, 독일은 나치 통치하에 나라 경제가 급속도로 부활하였다. 1930년대 유럽 각 지역에서 파시즘 세력이 대두하였는데, 독재 체제로 통합한 독일 히틀러는 다른 나라를 정복하는 파시즘을 표방하였다. 1939년에 독일은 소련과 연합하여 폴란드를 침공하면서 '제2차 세계대전'이 발발한다. 독일은 덴마크에 이어 프랑스 파리를 점령하고, 소련과의 불가침 조약을 파기하고 소련을 침략했다. 아시아에서는 조선을 식민지화하고 중국 동북 3성을 점유한 일본은 미국과 유럽 등 서구권 세력의 압박으로 경제봉쇄 되었으며, 1940년 일본이 프랑스령 인도차이나에 주둔하는 사건이 시발점이 되어 서구열강과 대립하게 되었다. 일본은 독일과 동맹을 결성한 후, 영국령 말레이반도 상륙작전을 개시한 직후, 일본은 미국 하와이의 진주만을 공격하였고, 고립주의 태도를 취하고 있던 미국은 대일본전쟁을 선포하였다. 1941년에 미국이 '제2차 세계대전'에 참전하면서 미국 · 영국 · 중국 · 소련 4개 국가를 중심으로 26개국이 참가하는 연합국이 결성되어, 유럽 · 아시아 · 태평양이 무대가 된 '제2차 세계대전'은 초유의 많은 희생자가 나왔고, 1945년에 연합군의 승리로, 7년간의 '제2차 세계대전'의 막을 내렸다. '제2차 세계대전'이 끝난 후, 서방 국가는 전쟁으로 세력을 잃어 식민지 지배 체제가 크게 흔들린 동시 지배의 힘을 잃어갔다. 그러므로 인도 · 파키스탄 · 베트남 · 인도네시아 · 필리핀 등 아시아 국가를 비롯하여, 라틴아메리카 · 아프리카 지역의 식민지 국가들도 독립을 하였다. 그리고 승전국들의 세계 분할 분쟁은 또 새로운 분쟁의 불씨가 되었다.

## ◎ 미국과 소련의 냉전시대, 민주주의와 공산주의의 대립 구도 :

소련은 승전국이지만, 독일과의 전쟁에서 막대한 피해를 입었다. 소련은 동유럽 국가를 우방국으로 삼아 자국의 힘을 확장하려고 했고, 마침내 동유럽에서는 나치를 물리친 소련의 영향력이 크게 작용했다. 그러므로 동유럽에서 수많은 공산주의 국가가 탄생하였다. 공산주의 세력이 확대되는 것을 우려한 미국은 1947년에 '마셜 플랜'을 발표하여, '제2차 세계대전'으로 지치고 쇠약해진 유럽 국가의 경제 부흥을 위하여 경제지원을 하여 미국의 세력을 확대해 갔으며, 일본을 세계 경제대국으로 키워나갔다. 승전국인 미국 · 영국 · 프랑스 · 소련이 분할 통치하던 패전국인 독일에서도 1949년 소련이 통치한 동독과 미국 · 영국 · 프랑스가 통치한 서독으로 분단되어, 1961년에는 서독으로 망명하는 동독 사람들을 막기 위하여 '베를린 장벽'이 세워졌다. 이렇게 세계는 미국과 소련이 축을 이루는 대립 구도가 형성하였고, 미국과 소련의 냉전시대가 펼쳐졌다.

## ◎ 행운은 미국 편 :

소련은 1985년 고르바초프 최고 지도자가 민주화 운동을 추진하자, 동유럽 공산 국가들도 잇따라 민주주의 체재로 전환하였다. 한편 동독 정부가 서독 출국을 허가하면서, 1989년 '베를린 장벽'이 민중들에 의해 마침내 무너지고, 미국과 소련은 정상 회담을 열어 독일에서의 냉전 종결 선언을 하므로 독일은 민주국가로 통일되었다. 그 후 1991년에 소련은 통제력 약화로 붕괴되어 소련연방은 해체되었으며, 소련 공산당의 정치적 한계를 보여주었다.

## 황금알을 품고 있는 알래스카의 기막힌 거래

알래스카가 세계사에 등장한 것은 18세기이며, 1741년 러시아의 비투스 베링이 발견하여, 러시아는 알래스카의 소유권을 갖게 되었다. 18세기 유럽인들은 아메리카와 아시아 사이에 '가마 랜드(Gama land)' '황금의 섬'이 있다고 믿었는데, 러시아 표트르 대제는 비투스 베링 대령을 대장으로 하는 탐사대를 파견했다. 두 차례의 항해 끝에 1741년 알래스카 해안과 열도를 발견했으나, 귀국 길에 태풍을 만나 표류하다가 베링과 대원들은 추위에 숨졌고, 살아남은 대원들은 알래스카에서 해달을 잡아, 해달의 모피를 싣고 러시아로 돌아왔다. 이 모피는 러시아와 유럽 귀족 사회에서 인기 폭발로, 알래스카의 해달은 100년도 채 안 돼서 멸종하게 이른다. 러시아는 이 땅에서 황금이 나온다고 믿고, 황금 발굴 사업을 펼치지만, 황금은 나오지 않았다. 그리고 러시아는 크림전쟁(1860년대 전후)에서 패배한 후 극심한 재정난으로 인해 쓸모없는 알래스카 매각을 결심하게 된다. 때 마침 미국이 알래스카 매입을 적극적으로 추진하였고, 한편 러시아는 또 지정학적으로 당시 캐나다를 장악하고 있던 영국 손에 알래스카가 들어가는 것보다는 미국에게 매각하는 편이 좋다고 생각하여 알래스카를 미국에게 매각을 하게 된다.

1867년에 미국은 러시아로부터 720만 달러에 알래스카를 매입한다. 알래스카는 남한의 15배이며, 캐나다와 연결되어 있다. 그러므로 당시 러시아는 쓸모없는 버려진 땅을 처분하였고, 미국은 미래 가장 큰 주를 얻었으며, 지정학적으로 중요한 땅을 소유하게 되었다. 그리고 알래스카는 '황금의 땅'으로 떠올라 일확천금을 꿈꾸는 미국인들은 황금의 땅 알래스카로 몰려들었다. 100년 후, 1967년 알래스카에서 검은 황금 석유가 발견된 것이다.

## 21C 지구촌 속의 G2 :

'제2차 세계대전'후, 미국과 소련이 대립된 냉전 속에서 미국은 소련을 경계하고 고립시키기 위하여, 1979년 중국의 경제개발과 동시 이념이 완전히 다른 사회주의 국가인 중국과 수교를 하고, 중국을 합법적 정부로, 중국을 대표하는 국가로 인정하기에 이른다. 1971년 미국과 중국의 친선 탁구시합을 거쳐 이듬해에는 양국이 외교관계가 없는 상황에서 미국 닉슨 대통령이 중국을 호의적으로 방문하였다는 사실이다. 물론 중국도 소련과 사회주의 이념 갈등과 국경문제로 사이가 나빠지고, 경제발전을 위해서는 미국이 필요하였다.

1979년 중국은 등소평(鄧小平: 덩샤오핑)의 정책과 이론에 따라 대내적으로는 개혁, 대외적으로는 개방 정책을 펼치며 미국이 만들어 놓은 국제질서 속에서 경제개발을 시작하여, 연 평균 10%~8%의 비약적인 경제 성장을 이루었다. 세계의 이목이 모두 중국에 집중되었으며, 중국은 사회주의 국가에서의 경제개발, 중국만의 국가운영 모델인 '중국식 사회주의 현대화'를 성공시켰다.

그 동안 중국은 미국의 '당신은 G2다'란 말을 부정하며 발톱을 숨기면서 놀라운 경제발전을 이루었다. 이는 지금의 중국을 탄생시킨 등소평의 '도광양회(韜光養晦)'[9] 가르침에 따른 것이다. 등소평은 사망(1997년 2월)하기 전, 100년 동안 '도광양회'해야 한다고 하였다. 전문가들에 의하면 중국 경제는 2050년 또는 2039년 또는 이보다도 더 빨리 미국을 추월하여 세계 제1의 경제대국이 된다고 예측하고 있다. 그러나 설령 중국이 이변 없이 지금의 성장을 이어가 세계 제1의 경제 대국이 된다고 하더라도 이념의 벽을 넘어 지금 미국이 만들어 놓은 국제질서까지 장악하는데 약 몇 십 년에서 심지어 100년(많은 시간을 뜻함)이란 시간

[9] **도광양회(韜光養晦)** 빛을 감추고 어둠 속에서 힘을 기르다. 즉 자신의 재능을 숨기고 인내하며 때를 기다린다는 뜻임.

이 더 필요할 수도 있다고 본다. 2013년 시진핑(習近平) 국가주석 체제로 전환된 중국은 2014년 '일대일로(一帶一路)'[10] 대외 국가전략을 추진하였는데, '일대일로'는 2014년~2049년 향후 35년 동안의 중국 대외노선의 '비전'이다. 일대일로는 육상과 해상의 신 실크로드 경제권을 형성하려는 중국의 국가전략이다. 즉 중국-중앙아시아-유럽을 연결하는 '육상 실크로드 경제벨트', 그리고 동남아시아-서남아시아-유럽-아프리카를 연결하는 '세기 해양 실크로드'인 것이다. 그밖에 '중국몽(中國夢: 중국의 꿈)'은 시진핑 체제의 아젠다 중의 하나이다. 시진핑 국가 주석은 '중국몽'은 '중화민족의 위대한 부흥'이라 정의하였다.[11]

중국은 시진핑 주석 체제에 이르러 등소평의 100년 '도광양회'교훈을 지우면서 미국의 경쟁 국가로서 미국의 제재를 받게 되었다. 트럼프가 미국 대통령에 당선하자 중국을 맹비난하면서 '하나의 중국'을 인정 하지 않았고, 중국은 대만을 혼내주겠다는 입장을 보였다.(2016. 12. 12. 보도) 그러나 2017. 2. 10. 트럼프 미대통령은 또 '하나의 중국'을 인정하는 발언을 하였다. 이렇게 트럼프 미 대통령은 대중국 신경전을 펼쳤다. 그리고 2018년 미 · 중 무역 전쟁이 일어나, 2020년 코로나19 사태로 미 · 중 무역 전쟁이 주춤하지만 아직도 진행형이다. 한편 '코로나19 책임론'문제가 대두되었으나, 2020년 5월 이후 중국의 코로나사태는 진정되어, 세계 각국의 경제가 마이너스 성장을 한 반면 중국은 플러스 성장을 이루었다. 미국은 계속 심각한 코로나사태에 처하고 있다.

등소평의 100년 '도광양회'교훈인지 아니면 시 주석의 '중국몽'인지, 정답은 '미래의 중국'이 말해줄 것이다.

10 **일대일로(一帶一路)**

'하나의 길'(one road)이 하나의 길을 이끌어간다는 뜻임. 즉 하나의 길 또 하나의 길을 이어간다는 뜻임.

11 **중국몽(中國夢: 중국의 꿈)의 정의**

한족과 소수민족, 연안과 내륙, 빈부 계층을 하나로의 통합. 인민의 행복 실현. 국가의 현대화[2049년까지 부강한 사회주의 현대화 국가 건설. 경제력에 기반한 현대화 군대. 군사력 강국(전투기 탑재 항모, 탄도 미사일, 사이버 전력 등). 현재의 G2(미 · 중 양강) 시대를 넘어 2049년 중화인민공화국 건설 100주년에는 미국을 추월 초강대국화로 새로운 G2(중 · 미 양강)시대를 연다.]

2장

# 불변의 나라,
# 과거와 현재가 공존하는
# 거대한 나라,
# 중국

# 1. 거대한 나라 중국, 광의적 및 협의적 의미

**댜오위다오 · 센카쿠열도**

댜오위다오는 일본 오키나와에서 약 300km, 대만에서 약 200km 떨어진 동중국해 남쪽에 위치한 무인도이다. 1873년 중국지도에는 중국영토로 표시되어 있음. 본격적 분쟁은 대만과 일본 어부 사이에 고기잡이 문제로 마찰을 일으키면서 1971년 중국과 대만이 각각 영유권을 주장함. 이듬 해 미국이 오키나와를 일본에게 반환하면서 자연히 일본에 귀속되었다. 대만과 중국의 입장은 '제2차 세계대전'에서 일본이 패망한 후, 청 · 일 전쟁으로 일본의 식민지가 되어버린 대만을 중국으로 반환할 때, 원래는 댜오위다오도 대만과 함께 반환 되어야 한다고 주장함. '제2차 세계대전' 후, 오키나와열도가 샌프란시스코 평화조약에 의해 미국 통치를 받았고, 1970년 6월 미일 오키나와열도 반환조약 체결 시, 오키나와열도에 속해 있던 댜오위다오도 함께 일본으로 반환되므로, 미국의 책임이라 주장함. 반면 일본은 1895년 오키나와 현에 편입된 일본의 영토라고 주장함. 1894년 청일전쟁에서 청나라의 패배로 일본으로 넘어간 듯함. 댜오위다오는 지정학적으로 군사전략의 요충지이며, 엄청난 해저자원의 매장지로서 영토 분쟁은 격화될 수밖에 없다. 그리고 1969년 주변 해역에서 석유가 매장되어 있다는 보고서가 발표된 후 영유권을 둘러싼 중국과 일본 간의 신경전이 가열됨.

'중국(中國)'이란 국명의 유래는 1912년 청나라를 멸망시키고 세운 자유민주국가인 '중화민국(中華民國)'이란 국명에서 비롯되었다. 그러나 1949년 10월 1일 공산당이 이 거대한 땅에 사회주의 국가인 '중화인민공화국(中華人民共和國)', 즉 1980년대까지도 우리가 흔히 불렀던 '중공(中共)'이란 국가를 세우고, '중화민국(국민당)' 정부가 대만으로 물러간 이후, 중화인민공화국은 이 땅의 유일한 합법적 정부로 세계의 인정을 받으면서 '중국'은 '중화인민공화국'의 약칭으로 사용되고 있다. 중국 사람들은 중국본토를 또 '중국대륙' 혹은 '대륙'이라고 부른다.

'중국'이라 함은 중국대륙은 물론, 홍콩 · 마카오 · 대만 등을 포괄한 광의적 의미로서의 '중국'을 가리켜야 하며, 아울러 '중국인'이라 함은 이들 지역의 사람들을 모두 말한다. 그러나 편의상 이 책에서의 '중국'이라 함은 협의적 의미의 '중국', 즉 중국대륙을 가리킨다.

중국의 육지 면적은 960만km$^2$로 세계 육지 총면적의 1/5, 아시아대륙의 1/4를 차지하고, 유럽 전체면적과 비슷하며, 러시아연방과 캐나다에 이어 세계 3위를 차지하는 거대한 나라로서, 우리나라의 96배가 된다. 홍콩 · 마카오 · 남해도 · 일본과 영토분쟁이 있는 조어도(釣魚島 댜오위다오 · 센카쿠열도) · 대만 · 대만 소속인 금문 · 마조 그밖에 중국인이 대다수를 차지하는 싱가포르 그리고 "태양이 비추는 곳에는 모두 중국인이 있다"는 말과 같이, 각 세계에 분포되어 있는 중국인, 즉 화교 등을 고려한다면 중국을 소개하기에는 너무 방대하고 무궁무진한 나라임이 틀림없다. 1979년 등소평(鄧小平: 덩샤오핑)의 개방정책, 즉 '중국식 사회주의 건설'과 '사회주의 현대화 건설'에 따라 중국은 비약적인 발전을 계속 거듭하면서 2020년대는 일본, 2050년대는 미국을 따라잡는다는 설이 오래 전부터 나왔고, 지금 미국이 가장 두려워하는 유일한 국가는 바로 중국이고, 미국은 중국에 민감한 반응을 나타내고 있다. 지금 중국은 이미 세계 무대에 우뚝 서 있다. 지구촌은 중국의 일거수 일투족에 주의를 기울이고 있다.

## 중국의 별명

'세계에서 유구한 문명을 지닌 나라' · '도자기의 나라' · '실크의 나라' · '용의 나라' · '성(城)의 나라' · '예절의 나라' · '시(詩)의 나라' · '중화(中華)' 등등이 있으며, 저자는 '과거와 현재가 공존하는 나라'라고 별명을 더 붙이고 싶다.

**성벽(城)과 중국인**

중국은 상고시대부터 성을 쌓으며 생활을 하였다. 만리장성은 성벽 중 가장 큰 성이며, 동쪽에서 서쪽 사막에 이른다. 만리장성 안에는 또 성이 있는데, 즉 중국 사람들은 집이나 사찰에도 성벽을 쌓았다. 만리장성은 세계 불가사의 중 하나로 우주에서도 보이며, 용의 모양으로 산을 타고 뻗어 있다. 만리장성의 험난한 건축물의 건축을 위하여 많은 남성들이 희생되었으며, 공사 중 사망하여 집으로 돌아가지 못하는 자가 대부분이었다. 그러므로 이에 관한 시(詩)가 흥행했으며, '세계에서 가장 긴 무덤'이란 말이 있을 정도로 양민들의 피로 이룬 공적, 중국의 봉건사회의 상징물이며, 또한 '불멸의 중국'을 상징하기도 한다.

**신비스럽고 추상적인 동물, 용**

'용'은 중국 고대전설 속의 신이(神異)한 동물로, 걸을 수 있고, 날 수도 있으며, 수영을 할 수도 있고 비를 내리게 할 수도 있다고 전해지고 있다. '용'은 중화민족의 융합 참여자인 동시 입증 동물이다. '용의 정신'은 '단결정신'이며, '분발 개척의 정신'이다. 중국인들은 '용의 후예'라고 자칭한다.

# 2. 중국과 대만(臺灣: 타이완)의 분단사

## 공산당과 국민당의 싸움(당의 싸움)

**한국 걸 그룹 멤버 쯔위 사태가 보여주는 중국과 대만.**
박진영 소속사의 '다국적 걸 그룹'이 2015년 연말 '한 밤의 TV 연예' 방송에서 대만 국적 가수 저우쯔위는 자신의 나라 국기 '청천백일기'를 흔들었다. 중국에서 활동하는 대만 출신 가수 황안이 이를 문제 삼으면서, 크게 논란이 됨. 중국 네티즌들은 쯔위에 대한 비방 글을 올리고, 쯔위의 중국 방송 출연, 광고 계약 등이 전면 취소되었다. 그 후, 쯔위는 공식적으로 사과하기에 이른다. 이 일은 2016년 1월 16일 대만 총통 선거에 큰 영향을 미쳐, 국민당이 아닌 본성인 출신 당인 민진당 후보 차이잉원(蔡英文)이 당선되었으며, 대만 최초 여자 대통령이다.

**이민족이 통치한 중국**
중국은 역사상 두 번 이민족에게 통치된다. 13세기 몽고족이 중국에서 세운 원나라, 그리고 16세기 만주족이 중국에서 세운 청나라이다.

문자기록에 의하면 중국사는 5000년 이전의 신화 속 삼황오제(三皇五帝) 인 황제(黃帝)로부터 시작한다. 그리고 세습이 아닌 선양정치(禪讓政治)를 펼친 요(堯)・순(舜) 그리고 하(夏)・상(商)・주(周)・진(秦)・삼국시대(三國時代)・수(隋)・당(唐)・송(宋)・원(元)・명(明)・청(淸) 등 왕조를 거쳐 내려오게 된다.

청나라는 중국의 마지막 '황재의 나라'이며, 만주족이 세운 나라이다. 청나라 말경, 나라가 쇠퇴하여 서구열강과 일본의 침입으로 청나라는 반식민지 상태에 빠진다.

청나라 말, 1911년 10월 10일 의사이자 철학가 혁명가 였던 손문(孫文: 손원)의 12번째 혁명인 신해혁명(辛亥革命)이 승리하면서 청나라는 멸망하고, 1912년 설날 남경(南京: 난징)에서 '중화민국'이란 '황제의 나라'가 아닌 '국민의 나라', '자유민주주의의 나라'가 세워졌고, '국민당'인 국민정부가 들어서게 된다. '황제국가에서 자유민주국가로의 변모' 그리고 '광활한 땅의 건설' 등 과제를 실행하기에도 버거운 가운데, 중국 저편에서는 외세의 심각한 식민지적 지배하에, 관료와 군벌세력이 정권을 장악, 특히 '북방의 군벌세력'은 '외세'와 결탁하여 중국을 분열시켰다.

손문은 북방 군벌세력들을 토벌하는 '북벌'에 전력을 쏟았고, 혼란스러운 정세 속에 1921년 7월 상해에서 공산당의 위원장인 진독수(陳獨秀: 천두슈)를 비롯하여 이대쇠(李大釗: 리따짜오) · 이한준(李漢浚: 리한쥔) · 이달(李達: 리다) · 모택동(毛澤東: 마오저동) · 주은래(周恩來: 쩌우언라이) 등 극소수의 중국 공산주의자들은 상해에서 '공산당'의 창당을 선포한다. 국민당 정부는 그야말로 '내우외환(內憂外患)'에 처하게 되며, 북벌을 위하여, 공산당 세력을 우려하는 내부의 반대도 있었지만, 손문은 공산당을 포용하여 '제1차 국공합작'을 강행한다. 1925년 손문이 서거한 후, 승승장구하던 군인출신 장개석(蔣介石: 장제쓰)이 국민당 정부의 지도자가 된다.

| 손문과 72열사 출처_http://image.baidu.com

장개석은 손문의 유지를 받들어 북벌에 나서, 북벌세력들을 흡수 · 통합하거나 패배시켜 '중국의 통일'을 이루어나갈 시점에, 1926년 '중산함사건(中山艦事件)'의 발생은 제1차 국공합작 해체의 계기가 되었다. 이 과정에서 '내란은 다스리기가 쉽고, 외환은 어려우니 공산당을 포용하라'는 손문의 유언과 달리, 장개석은 남경과 상해 출신의 공산당원과 공산당과 친분이 있는 노동자들을 학살 · 탄압함으로써, 손문의 부인인 송경령(宋慶齡: 송칭링)은 국민당을 탈퇴, 장개석과 대립하면서 공산당에게 힘을 실어주게 되었으며, 송경령은 여동생인 장개석 부인, 즉 당대 중국의 영

| 만주족인 청나라에서 나라를 구한 영웅, 현대 중국의 아버지, 손문

**손중산(孫中山: 손쭝싼)**

손문은 호가 중산(中山: 쭝싼)이므로 손중산(孫中山)으로도 불리며, 보통 '선생(先生: 시엔썽)'이란 존칭을 붙인다. 국민당은 물론 공산당도 숭배하고 존경하는 인물로, 중국과 대만에서 '중산기념관(中山紀念館)'이 있을 뿐 아니라 중산공원(中山公園)과 중산대학(中山大學)도 있고, 중산로(中山路)라는 도로명도 있다. 중국에서의 중산공원과 중산로는 한 두 곳이 아니며, 허다하다. 당시 '중산함(中山艦)'이란 이름의 군함도 있었고, 또 중산복도 있다. 대만에서는 '나라의 아버지'란 뜻의 '국부(國父)'라고 칭한다.

**황포군관학교**

제1차 국공합작 이후 손문은 군사 인재를 배양할 목적으로 육군군관학교인 황포군관학교(黃埔軍官學校)를 광주(广州:광쩌우)에 설립하고, 교장은 장개석에게 맡기고, 주은래 등 많은 공산당원에게도 중책을 맡겼다. 1927년까지 많은 우수한 군인과 정치가를 양성해냈으며, 또 많은 이들은 국민당과 공산당의 고위장교가 되었다.

부인 송미령(宋美齡: 송메링)과도 자매의 우애에 흠이 가기 시작하였다.

| 국민당과 공산당의 고위 장교를 배양한 황포군관학교

국민당 정부와 결별한 공산당은 생존의 길을 도모하기 위해, 국민당 정부와의 최초 전투인 1927년 '남창봉기(南昌起義)' 및 노동자 · 농민의 무장봉기도 시도하였으나 모두 실패하고, 정강산(井岡山: 징강싼: 강서성과 호남성 경계지역) 농촌을 기반삼아 토지혁명을 통해 세력을 확장해 나갔고 홍군(紅軍)을 창설하였다. 장개석은 계속되는 공산당의 무장봉기에서의 승리에 이어 통일정부를 수립해 나갔다.

장개석은 북방 군벌세력을 토벌하여 통일중국을 이룬 뒤, 1930년 12월부터 공산당에 대한 대규모공격을 전개하였고, 공산당은 매복 또는 게릴라전법으로 대응하였지만, 전면전에서는 계속되는 패배 끝에 1934년 홍군 6만 여 명을 잃고, 8만 여 명의 병력을 이끌고 국민당의 포위망에서 탈출하여 중국 남서부지역을 거쳐 서북부지역의 연안(延安: 옌안)까지 이르렀다. 이것이 그 유명한 '9,600km 대장정'이다. 연안까지 9,600km 거리를 걸어서 1년이란 긴 시간이 소요되었으며, 이동하는 과정에서 살아남은 자는 7,000여 명뿐이었다. 그러나 국민당 정부의 손이 닿지 않는 곳에서 공산당은 다시 지도력을 확립, 세력을 확대할 수 있었다. 이 대장정에서 모택동(毛泽东:마오저동)은 공산당 내부에서 지도력을 확립할 수 있는 계기를 마련하게 되었다.

장개석 정부는 중국 '최대의 적'은 '공산당'이라 여기며, 공산당을 소

| 장개석

| 손중산과 송경령

| 장개석과 송미령

탕하기 위해 전력을 다하였으나, 1931년 9월 18일 일본이 자작극으로 철도를 폭파한 뒤 중국군이 일본군을 습격했다는 누명을 씌우고 심양을 공격하여 하룻밤 사이 심양은 일본군에게 점령당했다. 그리고 4개월 후, 일본은 중국 동북 3성을 점령 만주국(滿洲國)을 세워 청 왕조의 '마지막 황제'인 부의(溥儀: 푸이)를 꼭두각시 황제에 앉혔다. 동북부를 일본의 식민지로 만든 이 '만주사변' 또는 '9 · 18사변'의 발생은 장개석 정부의 입지를 곤란하게 하였다. 일반인은 물론 지식인과 국민당 내의 간부들도 장개석의 공산당에 대한 전략에 반발을 표출하였다. 민중들은 "중국인은 중국인을 치지 않는다" 등 구호를 외치며 '일본제국의 침략'과 '국민당의 시종일관하는 무저항'에 대한 데모를 벌였다. 한편 장개석의 서안 시

| 모택동(위)
| 주은래(아래)

**1926년 중산함사건(中山艦事件)**

중산함이 황포(黃埔: 황푸)에 입항하면 공산당이 정부 전복을 꾀한다는 유언비어에 따라 장개석은 함장 등 50여 명의 공산당원을 체포한 사건임.

**서안은 장안이다**
당나라의 수도. 우리 속담에 "장안의 화제"

찰 행에서, 1936년 12월 12일 '국민당의 대일본정책'에 불만을 가진 당시 그 지역의 국민당 군부지도자였던 장학량(張學良: 장쉐량)은 장개석과 부하들을 감금시켰고, 17일 장개석은 장학량의 요구대로 공산당 주은래와 협상, 국민당은 공산당과의 내전을 종결하고 공산당을 정식으로 인정하며 '항일전쟁'을 공산당과 공동투쟁하기로 합의하였다. 이것이 바로 '서안사변(西安事變)'이다. 이 사변은 '궤멸 직전의 공산당'을 구출하여 공산당의 역사적 전환점을 마련한 사건이다.

또한 일본은 동북부를 침략한 후 중국에 대한 침략을 멈추지 않았다. 이듬해 7월 7일 일본인의 조작극인 '노구교사건(蘆溝橋事件)'이 발생하였다. 이 다리 부근에서 실탄소리와 함께 일본 병사가 실종되었다는 것이다. 이를 '7 · 7사변'이라고도 한다. 일본은 일본군의 실종을 핑계로 중국과의 전면전을 선포하였고, 국민당과 공산당의 '제2차 국공합작'이 마침내 이루어져 '대일(8년)항쟁'(1937~1945)이 시작되었다.

일본은 21일 만에 북경을 점령, 12월에 국민당 정부 소재지인 남경을 함락시켜 '남경대학살(南京大虐殺)'을 자행하였다. 한편 공산당은 대중들을 광범위하게 포섭하여 공산당의 기반세력을 확대하고 무장력을 강화시키는 데 힘을 쏟았다. 항일전쟁을 위한 '제2차 국공합작'은 공산당의 중국에서의 입지를 급속히 강화시켰다.

1945년 8월 일본의 항복으로 제2차 세계대전이 막을 내리기 전 2, 3년부터 장개석은 일본의 패배를 확신하고 공산당의 해산을 요구하였다. 전쟁 종결 직후 양 당은 회담을 시작하였고, 회담은 난항을 거듭한 끝에 공산당은 협정에 따라 병력을 사단으로 감축하였다. 이듬해 정초 정전협정이 체결되었고 정치협상회의가 개최되어 '새로운 통일정부'를 위한 '5항 결의'가 채택되었다. 그러나 누구의 소행인지는 모르지만 그 이후 공산당 및 '민주동맹' 신문사 등 기관들이 폭도들에게 습격을 당하는 사건이 각지에서 빈발하자 국민당은 정치협상회의의 결정을 부인하는 결의안을 통과시켰다. 한편 공산당은 지주의 토지를 몰수하여 농민에게 분배하면서 농민의 마음에 불을 지폈고, 동시에 반봉건적 자주세력을 기반으로 국민당과 대립하였다. 국민당은 430만 군대와 일본군의 무기 · 미국의 군사원조로 군사력을 강화시켰고, 공산당은 120만의 군대로 맞섰다. 내전 초기에는 국민당 군대가 압도적으로 승리를 거두었고, 장개석은 "6개월 이내 공산당을 전멸시키겠다"고 단언을 하였지만, 공산당은 국민당 군부의 부정부패로 인하여 국민당 군부로부터 미국의 군사장비를 매수하여 무장을 하는 한편, 토지개혁으로 많은 노동자 · 농민들이 가세하면서 공산당의 군사력을 강화시켰고, 각지에서 일어난 '친 공산당파의 대중운동' 등의 상황들이 국민당에게 불리하게 전개되었다. 1949년 초 국민당은 남경을 공산당에게 내주고 남하하다가 당해 말, '본토퇴각'이란 내전의 마침표를 찍었다. 대만과 몇몇 작은 섬 그리고 티베트를 제외하고는 전 중국이 공산당 수중에 들어갔다.

| 장개석과 장학량

**대만으로 간 장학량 가택연금**

장학량은 이 일로 지휘권을 발탈당하고 10년형 금고에 처해졌다가 석방되었다. 그러나 국민당이 대만으로 철수할 때, 그 역시 대만으로 끌려와 가택연금되었다. 1975년 장개석이 사망한 지 2년 후인 1977년 그는 비로소 석방되었다. 1993년 출국금지가 해제되었고, 1995년부터 하와이에서 살다가 2001년 사망하였다.

| 항전시 한자리에 모인 송씨 집안의 3자매

| 장개석과 모택동

**중국 공산군이 단 한 명도 살아 돌아가지 못한 전쟁: 국공 금문전쟁**

국공 금문전쟁은 또 국공 마지막 전쟁이다. 1949년 국공내전에서 패배한 가장 사실화되던 때, 장개석이 통솔한 국민당은 대만으로 철수할 생각을 하며, 대만을 방어하기 위해 대만의 최전방 보루로 금문(金門) 섬을 사수하기로 결정하였고, 모택동은 금문과 대만 점령 명령을 내렸다. 모택동은 중국과 겨우 2km 떨어진 금문을 단숨에 점령할 것으로 생각하여 2만의 군사를 투입했다. 1949년 10월 24일 공산당은 상륙 돌격했다. 공산당은 어선 수백 척에 선봉대 1만 명을 먼저 금문으로 투입한 후, 돌아오는 어선에 1만 명을 2차로 투입시킬 전략이었다. 그러나 금문에 상륙한 선봉대 1만 명은 국민당 방어군 4만 명에게 당하고, 돌아가는 수 백 척 어선은 국민당 해 · 공군에 의해 모조리 격침당하고 만다. 결국 공산당 군사는 금문에서 죽거나 포로가 되고, 한 명도 중국으로 돌아가지 못하였다.

공산당은 국민당이 본토 퇴각하기 전, 1949년 10월 1일 북경에서 '중화인민공화국'의 수립을 대내외적으로 선포하였다.

## 당해 1949년 12월

장개석은 국민당을 이끌고 가지고 갈 수 있는 것들을 모두 가지고 대만으로 철수하였다. 그들은 '와신상담(臥薪嘗膽)'하여 대만을 '손문의 삼민주의(三民主義: 민족 · 민권 · 민생) 이념의 나라'인 '중화민국'으로 건립하여, 중국 전통문화를 널리 발양시켰으며, 대만은 중국 유교문화의 소재지라 해도 과언이 아니다.

대만을 비롯한 금문(金門: 진먼) · 마조(馬祖: 마쭈) 등의 섬을 건설하고, 국가적인 기반을 세웠다. 이에 '하나의 중국'이 사상과 이념의 차이로 인해, 중국 본토와 대만으로 오늘날까지 대치관계를 지속하고 있다.

대만은 1970년대 중반까지는 국제적으로 인정받아 왔으나, 1970년대 중반 이후에 중국이 문호개방정책을 실행하면서 국제사회에서 고립되어 '중화민국'이라는 국명은 인정받지 못한 채 대만 또는 운동대회에서는 '차이니스 타이베이'로 불리고 있는 것이 현실이다. 그러나 대만에는 중국에 없는 것이 있다. '청 황제의 집', '자금성', 지금은 '고궁박물원'이라 부르지만, 건물 안은 비어 있고, 중국 '5천년사의 문물(文物)'이 모두 대만 타이베이 '고궁박물원'에 소장되어 있다는 사실이다. 아시아의 선진국, 부유국가, 아시아의 네 마리 용, 고학력이 사회문제가 되는 나라, 대만의 경제는 아시아에서 무시 못하는 위치에 있음은 틀림없다. 그러나 반세기가 갔지만 장개석은 없고 '국민당의 반공(反共: 공산주의를 반대 물리치자) · 중국회복' 등 구호는 아직 실천 못하고 있으니 구천에 있는 손문 · 장개석은 얼마나 비통하겠는가? 그래도 다행인 것은, 공산주의 · 사회주의가 틀렸고 손문의 삼민주의가 옳았음을 지금 중국이 입증해주고 있는 셈이다. 그러므로 이 분들은 한편 또 위안을 받을 수는 있지 않을까 생각한다. 반대로 모택동 · 주은래 등 공산주의자들이 애통해 할 것이다. 그러나 우리나라(북한 제외)의 96배나 되는 크고 큰 땅, 당시 13억 인구가 사는 땅을 공산화시켜 사회주의 국가를 건립하였던 '공산주의의 힘' 또한 입을 벌려 경악하지 않을 수 없다.

**중국 5천년 역사의 보물**
장개석은 일본과 서구열강의 중국 보물약탈을 방지하기 위해 5천년 역사의 보물들을 중경을 비롯한 기타 지역에 분산시켰다. 그리고 1949년 12월에 대만으로 철수하기 전 3, 4년을 거쳐 미국군함으로 대만으로 옮겨왔다.

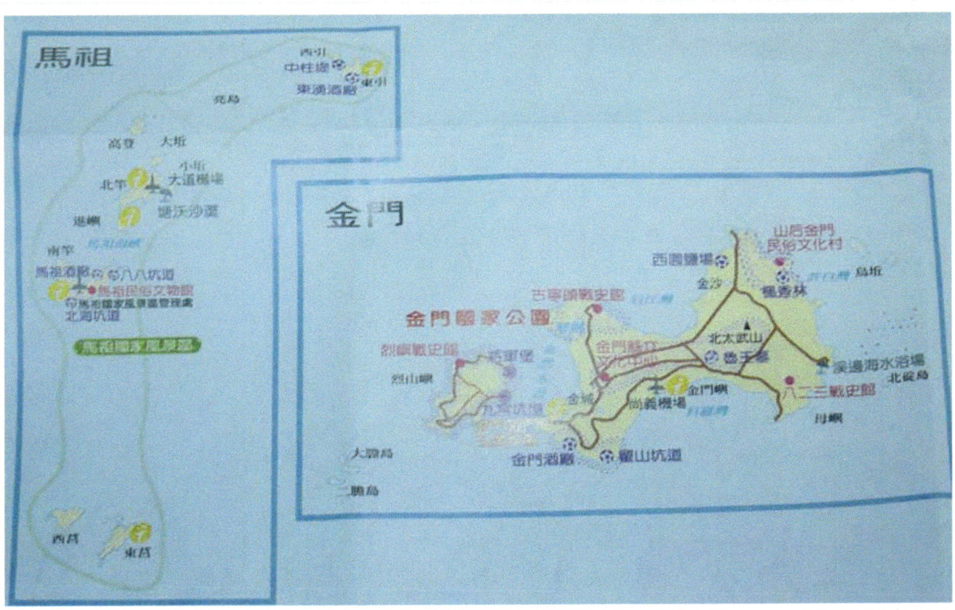


| 금문 · 마조 출처_≪대만관광교통로망도(臺灣觀光交通路網圖)≫, 중화민국교통부관광국, 2008

# 3. 중국 · 대만 · 홍콩 · 마카오의 관계 그리고 중화권 지역의 역사적 성격과 화교

## 3-1 중국 · 대만 · 홍콩 · 마카오의 관계와 개황 그리고 우리나라와의 관계

중화인민공화국 헌법 제1조 규정에 의하면, 중국은 노동자계급이 영도하는 사회주의 국가이며, 그 후, 홍콩과 마카오의 귀속으로 "일국양제(一國兩制)"를 실행한다. 즉, 중국 대륙지역에서는 공산당 지도하의 자본주의 제도를 실행하고, 홍콩 · 마카오에서는 자치자본주의제도를 실행하고 있다. 대만과는 현재 '양안정치(两岸政治)' · '양안학술(两岸學術)' '양안경제(两岸經濟)' 등 '양안관계(两岸關係)'를 실행하면서 정부간 · 민간간의 교류가 활발하게 이루어지고 있다.

### 중국

중국(中华人民共和国: 중화인민공화국)은 1949년 중국을 공산화, 사회주의 국가를 세우면서, "신중국(新中国)을 건설하다", "중국을 해방(解放)하다" 등 '신중국(新中国)'과 '해방(解放)'이란 말을 즐겨 사용하고 있다. 중국의 제2조 규정에 의하면, 모든 권력은 '인민'에 있고, '인민'이

국가권력을 행사하는 기구는 '전국인민대표대회(전인대)'와 '지방각급인민대표대회'이다. 그러므로 중국의 최고 권력 · 입법기구는 전인대이고, 최고 사법기구는 최고인민법원, 최고 검사기구는 최고인민검찰원, 최고 행정기구는 국무원이다. 집권당은 중국 공산당이며, 여러 참여 당이 있으나 형식적인 것에 불과하다. 사실 지금의 중국은, 정치는 사회주의 노선을, 정치 이외는 대부분 자본주의 노선을 걷고 있다.

| 중국공산당 제12차 전국대표대회

### 중국정부기구

- 최고 권력 · 입법 기구 → 전국인민대표대회(全国人民代表大会) : 전인대(全人代)
- 최고 사법기구 → 최고인민법원(最高人民法院)
- 최고 검사기구 → 최고인민검찰원(最高人民检察院)
- 최고 행정기구 → 국무원(国务院) 공안부(公安部)
- 집권당 → 공산당(共产党)

2013년 시진핑 체제 이전의 당과 국가영도인 중공중앙총서기 · 국가주석 · 중앙군위주석은 후진타오(胡锦涛: 호금도)이며, 전국인대상위회 위원장은 우방궈(吴邦国: 오방국), 국무총리는 원자바오(温家宝: 온가보)이다.

## ◎ 대만

대만(臺灣: 타이완, 국민당)은 고구마 모양을 한 섬으로, 중국에서 볼 때는 하나의 성(省)에 불과하지만, 대만 입장에서는 하나의 국가인 셈이다. 이 섬에는 한족 이주민인 대만인(본성인: 本省人: 광동 출신인 '하카족'과 복건인) · 중국대륙 본토인(외성인: 外省人: 국민당 철수시절 옮겨온 사람) · 원주민(2%: 9개 고산족)이 살고 있다. 1949년 장개석이 대만으로 철수하기전까지 대만은 중국으로부터 '버려진 땅'으로 볼 수 있으나, 서구열강 가운데는 포르투갈(1590년) 사람은 대만을 가리켜, 지금 대만에서 대만을 '미려보도(美麗寶島)', '아름답고 보배 같은 섬'이라고 칭하는 것과 같이, '포모사(fomosa)', '아름다운 섬'이라고 칭했으며, 스페인 · 네덜란드인은 지리적으로 대만에 대한 호감을 가지면서, 1626년 네덜란드는 대만 남부에, 1629년 스페인은 대만 북부에 정착한 후, 1642년 네덜란드가 스페인을 몰아내면서 대만은 네덜란드의 지배를 받았고, 1895년 대만은, '청 · 일 갑오전쟁(甲午戰爭: 1894)'에서의 패배로 요동반도 · 팽호열도(澎湖列島)와 더불어 일본의 식민지가 되었다.

제2차 세계대전에서 일본이 패망하자 1945년 중국의 영토로 반환되어, 중국 정부인 국민당이 통치하였고, 1949년 국민당이 대만으로 철수한 후, 타이베이를 수도로 삼고, 1912년 청나라를 물리치고 손문의 영도아래 세운 국민당 정부, 자유민주국가 '중화민국(中華民國)'의 체제를 그대로 대만으로 옮겨 왔다고 해도 과언이 아니다. '중화민국'이란 국명과 '청천백일기' 국기 · 우리의 대통령 칭호에 상응하는 '총통(總統)', 우리의 '청와대'인 '총통부' 등을 그대로 사용하며, 손문을 '나라의 아버지' '국부선생(國父先生)'으로 칭하고, 손문의 '삼민주

| 대만 총통부

의' 철학을 실천하고 있다. 또한 연대사용에 있어서도 '민국(民國)'을 사용하는데, 곧 1912년, '중화민국'의 탄생시점을 기준으로 한다. '민국 99년(民國 九十九年)'은 바로 2010년이다. 한마디로 1912년 건립된 '중화민국'을 중국에서 대만으로 옮겨온 것이다.

장개석은 견고한 정치기반을 바탕으로, 경제발전은 물론 군사 · 교육 · 사회질서 등 각 방면으로 기반을 다져 한 국가의 모습을 갖추어 나갔으며, 중국을 '중공(中共)' 또는 '공비(共匪)'로 칭하면서 '반공(反共)' · '대륙회복' 등 구호를 외치며 중공 · 공산당에 대한 저항을 나타내었다. 비공산주의 국가들도 중국을 '중공'이라 칭하며, 대만을 하나의 국가, 더 나아가 중국을 대표하는 국가로 인정하였으나, 중국은 탁월한 외교 능력을 지닌 주은래(周恩來: 쩌우은라이)가 있었다.

**대만의 아버지, 장개석**

장개석은 대만을 하나의 국가로 발전시킨 인물로, '대만의 아버지'라고도 불린다. 그러므로 그의 호 '중정(中正: 쫑쩡)'을 이름으로 한 기념관인 '중정기념당(中正紀念堂)'과 '중정공원(中正公園)'이 있다. '중정기념당'은 해외의 화교들이 모금을 해서 세운 것으로 기념관 안에는 그의 직무실이 있는데, 직무실에 걸린 벽시계의 시간은 그가 서거한 시간에 멈추어져 있다.

1971년 미국 탁구선수단은 중국 요청에 따라 중국을 방문 친선탁구시합을 통해 미국의 중국 열풍을 일으켰고, 1972년 양국간에는 외교관계가 없는 상황에서 미국 대통령 닉슨은 중국을 호의적 방문을 하였으며, 두 달도 안 되어서 중국 탁구선수단이 미국을 답방하였다. 당시 국제사회에서는 중 · 미 관계를 '핑퐁외교'라고 칭하였고, 두 나라의 정상화 관계는 촉진되었다. 그러므로 미국은 대만 대신 중국을 인정, 장개석이 89세로 서거한 1975년 이후 대만은 점차적으로 국제사회에서 고립되었고, 1979년 중 · 미수교가 이루어져 미국은 마침내 중국대륙을 합법정부, 중국을 대표하는 나라로 인정하기에 이르렀다. 그리고 대만을 하나의 국가로 인정하지 않고 하나의 성(省)으로 간주, 각종 세계 스포츠 경기에서 대만은 '중화민국'이라는 국명과 국기 · 국가(國歌) 대신 '대만' 또는 '차이니스 타이베

| 주은래

이' 및 '차이니스 타이베이'를 상징한 국기를 사용해야만 한다.

대만과 우리나라의 우호관계도 1992년 8월 한 · 중 수교로 인하여 절교되어, 대사관과 영사관 대신 서울에 대만 대표부만이 주둔해 있다. 우리나라가 대만과 절교하자, 대만은 수교 국가가 하나도 없는 국가가 되어버린다. 즉 우리나라가 대만에 있어 유일하게 남은 수교 국가였던 것이다. 그러므로 1992년 중국은 대만과 '하나의 중국'을 원칙으로 한 '92공식'을 체결하였다. 단교 이전까지 대만이 한국유학생에게 주었던 각종 장학제도와 생활비지원 혜택은 없어짐과 동시에, 대만으로 향했던 우리 유학생들은 중국으로 발길을 옮겼고 그 수는 말할 수도 없을 정도로 많아졌다. 절교 이후, 이전보다는 못하지만, 우리나라와 대만은 정기항공운항도 재개되어 관광 · 무역 · 유학생 등 민간교류가 이루어지고 있다.

1970~80년대 우리나라에서는 세탁기는커녕 흑백 TV도 집집마다 보급이 안되었던 시절에, 대만의 생활수준은 세탁기는 물론 칼라 TV까지 보급되는 등 우리보다 20년 앞서갔다. 그러므로 이러한 국제사회에서의 고립에도 불구하고, 대만은 과거 견고한 군사력과 중소기업 위주의 탄탄한 경제력, 높은 교육수준과 생활수준 등에 힘입어 1993년 1인당 GNP는 미화 1만 달러를 넘었으며, 세계 외화보유고 2위를 자랑했다. 또한 대만은 여전히 하나의 국가임을 외치고 있다.

대만의 정계 · 경제계 모든 방면에서, 대략 1975년을 전환점으로 이 이전에는 외성인 중심으로 대만이 다스려졌지만, 그 이후 본성인의 세력이 점점 강화되었다. 또한 혼인관계에 의하여 이러한 구분은 이미 불투명해지고 있지만, 그럼에도 불구하고 대만에서는 '국민당의 파워'는

| 소련 여인과 결혼한 장개석의 아들, 장경국

대단하다. 총통 투표에 국민당을 지지하기 위하여 해외에 거주하고 있는 '화교'들은 멀리 미국에서도 대만으로 투표하러 가는 실정이다. 이는 대만 본성인 중심으로 이루어진 야당이 정권을 쥐게 되면 '중국에 돌아갈 수 없고, 대만이 독립할 우려가 있다'고 느끼는 국민당원들이 많다.

그러므로 1975년 장개석 총통에 이어 그의 아들 장경국(蔣經國: 장징궈)이 총통으로 당선되었고, 그 후 대만 본성인이지만 국민당인 이등휘(李登輝: 리덩훼이) 등 국민당이 집권하였다.

그러나 2000년 4월 야당 민진당(民進黨)이자 본성인인 진수편(陳水扁: 천쉐이벤)이 총통이 되어 대만 국정은 처음으로 국민당이 아닌 야당 손에 넘어간 것이다. 이번 대만의 총통선거 결과는 세계를 경악하게 하였고, 중국은 무력을 대만을 향하는 연안에 배치, 군사훈련을 하였으며, 중국 대만간에는 긴장사태가 한동안 지속되었다. 세간에서 이등휘 전 총통이 같은 본성인 출신인 천쉐이벤을 도와주었다는 말과 더불어 '이제 중국 회복은 이루어질 수 없다'는 국민당의 우려의 말도 나왔다.

그러나 2008년 4월 총통 선거에서 천쉐이벤이 떨어지고, 외성인이자 국민당인 마영구(馬英九: 마잉지우)가 당선되었는데, 세계 각지의 화교의 영향도 적지 않았지만, 천쉐이벤의 비리로 인

| 이등휘와 천쉐이벤

**대만 독립운동, 메리다오 사건**

1979년 '대만독립' 시위가 일어난 적이 있다. 그 사건을 '미려도 사건(美麗島事件: 메리다오 쓰젠, 아름다운 섬 사건)'이라 부른다.

**장경국과 소련 여인**

장경국은 소련 유학파로 일찍이 공산당에 입당, 그는 '마르크스 · 레닌주의'만이 중국을 구할 수 있다는 애국열정을 지녔다. 그러나 그 이후 그는 공산당에 대한 본인의 생각을 뉘우치고 '서안사변'이 발생한 후, 중국으로 돌아왔으며, 항일전쟁 참여시 자신의 책임이 막중함을 깨우쳤다. 1978년 등소평의 개혁개방과 아울러 그는 대만의 총통이 되어, 당시 국제정세에서 이미 악화된 대만을 자신의 방식으로 이끌고, 개척하여 '경제의 뿌리'를 더욱 견고히 하였다. 그의 부인은 소련여인이며, 장씨(蔣氏) 집안의 성(姓)을 취해 장방량(蔣方良)이라 한다

| 마잉지우

하여 대만에서 가장 보수적이고 국민당 배척지역인 고웅(高雄) 사람들도 이번에는 국민당을 지지한 사람들이 적지 않았다. 천쉐이벤은 총통에서 물러나자마자 '비리의 죗값'을 받았고, 이 과정에서 국민당의 한 남자 국회의원과 민진당의 한 여자국회의원 간의 법정 공방도 있었다.

공산국가 이외 국가의 화교들은 대부분 대만을 지지하므로 대만으로 가서 대학을 다니는 경우가 많다.

2008년 국민당 마잉지우(馬英九)의 취임은 '양안의 3차 국공합작의 조짐'으로 이어져, 2010년 6월 29일, 중국과 대만은 마침내 '경제협력기본협정(ECFA)'에 서명하므로, 두 나라의 '양안경제'는 '하나의 시장', 'Chiwan(차이완) 시대'를 선포, 장기 '단일 경제공동체'로 거듭하게 되었다. 중국은 대만이 '하나의 중국'이란 원칙을 준수한다면, 대만의 '국제도약'에 도움을 줄 것을 약속하였다. 앞으로 '대만의 황금시대'가 국제경제무대에서 펼쳐지게 될 것이다.

| 대만 지도

## 홍콩

홍콩(香港: 샹강)에는 광동인 이외 하카인(Hakka: 客家人) · 복건(福建: 푸젠)인 등과 영국인 등이 거주하고 있다.

중국은 서구 제국주의 침략에 의해 반식민지 시대, 중국의 무력함을 보여주며, 근대사의 시발점이자 중국 역사의 전환점이 된 '중 · 영 아편전쟁(1840년)'에서 패전으로 인해 홍콩은 영국에게 할양되면서 영국의 식민지가 되었다. 중국을 무력화한 '아편전쟁'으로 인해 중국은 무너져 갔다. 영국의 식민지가된 홍콩의 교육기관은 중국학교와 영국학교가 있는데, 엘리트들은 영국학교에 많이 다닌다. 사회 전반에 걸쳐 영어에 대한 필요성과 환경이 마련되어 있어, 홍콩 사람들은 영어를 잘 하는 사람이 많다. 홍콩의 대부분 사람이 광동(広东: 광똥)인이라 광동말

**'동아 병부(東亞病夫)'의 나라가 된 중국**

영국이 중국으로 반입한 아편으로 인해 중국의 남성들은 아편에 빠져 병 들어갔다 이를 '동아 병부'라고 한다. 동아시아에 병든 남자들이란 뜻이다.

**아편전쟁은 '차'의 전쟁이다.**

| 홍콩 지도 출처_《자조여유교통도책(自助旅游交通圖册)》, 유인년(劉寅年) 등, 해방군출판사, 2000

**2019년 6월의 홍콩사태(홍콩 우산 시위)**
2019년 6월에 일어난 홍콩시위는 홍콩 사태라고 할 수 있을 정도로 시위의 성격을 넘어 사태의 성격을 띤다. 홍콩은 1997년 7월에 영국으로부터 중국으로 반환되어, 홍콩자치, 즉 '영국 식민지의 지역운영체계 유지 50년'이라는 틀에서 일국양제를 실행하였다. 이 시위가 일어난 배경은 2019년 홍콩에서 추진하려고 했던 '범죄인 송환법', '범죄인 인도법'에서 비롯된다. 이 법은 홍콩의 범죄인은 중국으로 송환해서, 중국 법정 처벌을 받는다는 법이다. '범죄인 인도법'을 거론하게 된 배경은 2018년에 홍콩의 남녀 연인이 대만 여행을 하는 중, 남자가 임신을 한 여자 친구를 살해하고, 시신을 여행 가방에 넣어 공원에 유기한 후 홍콩으로 도주했다. 물론 여자 친구가 임신 한 아이는 자신의 아이가 아니었다. 이 여자가 집으로 돌아오지 않자 가족들이 신고하면서 이 살인 사건이 밝혀지게 된다. 살인범은 홍콩에서 잡혀 법정에 섰지만, 홍콩 법의 '속지주의(屬地主義)', 즉 홍콩이외 지역에서 일어난 홍콩인의 범죄에 대하여 죄를 묻지 않는다는 법에 의하여 홍콩에서 살인죄를 물을 수 없어, 홍콩 법에 의하여 절도죄만 인정하여 2년 가까운 형이 내려졌다. 대만은 또 이 살인범을 데려가지 않겠다고 하는 과정에서 홍콩 정부는 '범죄인 송환법', '범죄인 인도법'을 추진하려고 했던 것이다. 결국 격렬한 홍콩 시위에 의하여 홍콩정부는 이 법을 추진하지 않기로 했다. 그리고 관련 시위를 주도한 사람들을 잡아갔다. 2020년 2월 그 살인범은 출감하여 대만에 가서 살인죄 형벌을 받는다고 한다.
이 살인사건으로 인해, 2020년 5월 28일 보도에 의하면, 중국은 결국 반대표 단 1표, 2878표 찬성표로 '홍콩 국가 보안법'을 압도적으로 통과시켰다. 그러므로 50년, 즉 2047년까지 '일국양제'를 실행하기로 한 약속이 지켜지지 않을 수도 있다. 미국은 중국을 '중공'이라 칭하며 맹비난을 하였는데, 세계 3대 경제허브인 홍콩의 종말을 의미하는 것이라고도 본다.

로도 생활하는데 불편함이 없다. 그러므로 표준어를 잘 못하는 사람도 적지 않다. 또한 홍콩 사람들은 홍콩이 중국으로 반환되기 전까지, 홍콩의 중국으로의 반환에 대한 우려가 많았는데, 특히 중국이 개혁・개방정책을 실행하기 이전에는 미래에 대한 심리적 불안감으로 인해 대만에 있는 대학에 지원하는 학생들도 많았다. 1997년 7월 중국으로 드디어 '남경조약(南京條約)'으로부터 155년, 1898년 조차(租借)된지 99년 만에 영국에서 중국으로 반환되었다. 그리고 중국의 대 홍콩의 '일국양제' 정책에 의하여 '홍콩특별행정구'로 지정되어 세계적으로 유명한 '금융중심지'・'자유무역항'・'쇼핑천국'이란 자리를 거듭 지키고 있다.

## 마카오

마카오(澳門: 아오먼)는 1550년대 포르투갈 사람들이 항해로 중국 남단에 도착하게 되어 중국과의 무역이 시작되었고, 무역상들이 마카오에 거주할 당시, 마카오는 광동과 복건의 농민과 어민만이 거주하고 있는 땅이었다. 1999년 12월 마카오가 포르투갈에서 중국으로 반환되기까지 약 450여 년 동안 포르투갈의 식민지배를 받았다.

마카오는 일본과 유럽으로 통하는 주요 국제항구에서, 20세기 말에는 제조업의 중심지로 성장하였고, 가전제품・국제적인 호텔・회의시설・카지노・다양한 음식 등이 유명하다. 1980년대 중국 무역개방으로 인하여, 일본・ 인도・유럽 등 시장과의 교류 중심 항구이자 중국의 무역관문이 되면서 마카오는 엄청난 부(富)를 누리고 있다.

특히 마카오의 가장 위대한 산물은, 450년 이상 '중국 문화와 포르투갈 문화의 공존', 즉 '동서 문화의 혼재', 교차역할을 유일하게 나타낸 것이라고 할 수 있다. '중국식 절'이 '서양 성당'과 한 곳에 나란히 위치하면서 서로 다른 역사 · 특색 · 용도를 지닌 건물은 마카오의 독특한 풍격과 문화를 형성하였다.

| 마카오의 동서문화의 혼재

1999년 12월 마카오는 포르투갈로부터 중국으로 반환되므로, 중국은 유럽국가로부터 빼앗긴 땅을 전부 회복하였다. 그리고 마카오는 홍콩과 더불어 '일국양제' 정책으로 독립된 행정부 및 400년 넘게 형성되어온 '동서양 혼재의 독특한 생활방식'을 누리면서 살아가는 땅이 되었다.

| 마카오 지도　출처_《자조여유교통도책(自助旅游交通圖)冊》, 유인년(劉寅年) 등, 해방군출판사, 2000

2005년 7월 중국이 제출한 '역사의 중심, 마카오(The Historic Centre of Macao)'가 유네스코 세계문화유산에 등재되어, 중국의 31번째 세계유산이 되었다.

'역사의 중심, 마카오'는 400여년 동안 중국과 포르투갈 양국의 문화가 절묘하게 결합된 마카오의 역사, 동서양의 사상 · 종교 등을 비롯한 다문화와 이념이 부딪히면서 이룬 하나의 역사를 주제로 하고 있다.

마카오는 홍콩 · 중국의 광동지역을 연계하여 카지노 · 오락 등 게임산업 · 금융 · 제조업의 황금지대를 만들어내고 있으며, 매출은 미국 라스베가스와 비슷하거나 높은 수준을 나타내고 있다.

### ① 국명과 영문국명

- 중국: 중화인민공화국(중국): The People's Republic of China(P.R.C.)
- 대만: 중화민국(대만, 차이니스 타이베이: Taiwan, Chinese Taipei)

### ② 국기

| 중국 오성(홍)기: 五星(红)旗

| 대만 청천백일기: 靑天白日旗
'청천백일기'는 청나라 말 손문이 이끌은 '반청혁명' 때 육호동(陸皓東 루하오동)에 의해 만들어졌으며, 당시에는 붉은 부분이없는 단지 '푸른 하늘에 태양'을 의미한 '혁명기'였다. 그 후 혁명은 성공했고, 새로이 세워진 나라는 많은 사람들의 피로 세워졌으며, 희생자들의 피는 온 중국에 흐른다는 의미에서 혁명 후 붉은 부분이 추가되어 '중화민국'의 국기가 되었다.

### ③ 표준어 및 기타 언어

- 중국: 북경어 및 각 지역 방언
- 대만: 북경어, 민남(閩南) 방언
- 홍콩: 북경어, 광동(廣東) 방언, 영어
- 마카오: 북경어, 광동(廣東) · 민남 방언

## ④ 문자

- 중국: 한자(간체자)
- 대만: 한자(번체자, 정자: 우리와 같은 한자)
- 홍콩: 한자(간체자)
- 마카오: 한자(간체자)

## ⑤ 화폐 및 우리와의 환율

- 중국: 인민폐(RMB: 人民幣 런민비) 1 : 178(2008. 9)[12]
- 대만: 대만 화폐(대폐: 臺幣 타이비) 1 : 38(2008. 9)[13]
- 홍콩: 홍콩달러(항폐: 港币 강비, HKD) 1 : 149(2008. 9)[14]
- 마카오:  마카오 화폐(오문원: 澳门元 아오먼 웬, MOP)

| 중국 화폐

| 대만 화폐

12 … 1 : 160(2000~2002), 1 : 135(2006, 2007)

13 … 1 : 35(2006년 이전), 1 : 32(2007)

14 … 1 : 134(2006, 2007)

## ⑥ 국경일

- 중국: 10월 1일(1949년 중화인민공화국 건립일)
- 대만: 10월 10일(1912년 중화민국 건립일): 쌍십절(雙十節)

## ⑦ 애국가

- 중국: 의용군진행곡(义勇军进行曲)
- 대만: 삼민주의(三民主義)

## ⑧ 국화

- 중국: 미정
- 대만: 매화

| 혹독한 추위를 이겨낸 매화(寒梅)

## ⑨ 인구

- 중국: 약 14억 (현재 세계 1위)[15]
- 대만: 약 2,300만

## ⑩ 국토면적

- 중국: 960만$km^2$ (우리나라의 96배)
- 대만: 약 3.6만$km^2$

---

15 … 그러나 중국의 한족에 대한 1가구 1자녀 등 인구정책으로 인해 중국 인구의 증가율이 비교적 낮은데 반해 인도의 인구증가율은 높아서 이런 추세라면 몇 십 년 안가서 인도의 인구수는 세계 1위를 차지할 것으로 예측된다.

### ⑪ 국가 전화번호

- 중국: 86
- 대만: 886

### ⑫ 연대의 사용

- 중국: 서기 2010년
- 대만: 민국 99년 (1912년 '중화민국'의 탄생시점을 기준으로 함) 또는 서기 2010년

### ⑬ 수도

- 중국: 북경(北京: 베이징) : 900~1,000년의 수도 역사, 북경원인에 의하면 50만 년의 역사를 지닌 곳
- 대만: 대북(臺北: 타이베이)

### ⑭ 우리나라와의 시차

중국 · 대만 · 홍콩 · 마카오 등 모두 우리보다 1시간 늦음.

## 3-2 또 하나의 중국 – 화교

**화교(華僑)와 화인(華人)의 차이**

'화교'와 '화인'은 모두 해외에 거주하는 중국인을 말하지만 '화교'는 중국 또는 대만 국적의 소유자를 가리키며, '화인'은 거주 해당 국가의 국적을 소유한 중국인을 가리킨다.

'화교'란 '해외에서 거주하는 중국인'을 가리킨다. "태양이 비추는 땅에는 '청천백일기'가 휘날린다"는 말은, 중국의 개혁개방이전에는 공산

| 미주화교항공비행원 귀국촬영기념(1938년)

| 샤먼 화교박물관

국가이외 세계에 분포되어 있는 화교들은 거의가 자유민주국가인 대만쪽의 사람임을 나타내는 한편, 세계 사람이 사는 곳은 모두 화교가 있다는 뜻으로, 세계 화교의 인구수와 그들의 힘 또한 엄청나다. 화교들끼리 거대한 상권을 형성하는데 '화상(華商: 화쌍)'이라 한다. 특히 동남아화교들은 그 나라의 경제력을 쥐고 있고, 미국의 화교들도 재력가가 많다.

역대 화교사를 살펴보면, 화교들은 '단결 촉구', '항일단체 조직' 등 정신적으로나 물질적으로 많은 공헌을 하였다. 중국 남쪽 샤먼(厦門: 하문)에는 항일전쟁 화교들의 업적을 전시하는 '화교박물관'이 있다.

1931년 일본군이 중국 심양을 침공한 후, 미국 화교 사이에서는 '나라 살리기 운동'이 일어나, San Francisco에서 '미주화교항공학교(美洲華僑航空學校)' · '중화항공학교(中華航空學校)'를 창립, 항공인재를 양성하여 조국으로 보냈다.

한국 화교들은 거의 모두가 우리나라와 지리적으로 가까운 산동성 출신이며, 대만 국적을 가지고 있다. 1970년대부터 생활의 터전을 버리고 미국과 캐나다로 이민을 하기 시작했고, 또 대만으로 대학 진학을 하고 졸업한 후, 돌아오지 않는 화교가 많아, 사실 현재 한국 화교의 수는 초라하기 짝이 없고, 교육도 형편없다. 1992년 8월, 우리나라가 유구한 세월동안 우호의 손을 잡아 왔던 대만과의 손을 놓고 중국과 수교한 후에는 물론 지금까지도 한국 화교들은 여전히 대만 국적, 대만 교육, 대만 국경일을 고집하고 있다. 그러나 중국측과의 친밀한 관계 또한 소홀히 하고 있지는 않다. 지금 한국 화교의 제일 큰 문제점은, 1, 2, 3세대와 더불어 화교사회 문화가 뿌리채 흔들리고 있다는 점이다. 지금의 4, 5세대 한국 화교들은 어머니가 한국인인 가정이 80~90% 정도가 되기 때문에, 긴 시간 엄마와 함께 생활하는 화교 아이들은 제대로 중국말을 못한다는 점이다. 이러한 가정교육은 '화교의 근본'을 지켜내게 하는 힘, 학교교육에 큰 영향력을 미친다. 학생들은 선생님의 말을 이해하지 못하며, 한국말을 사용하는 학생이 90%에 달한다는 사실이다. 게다가 교사의 질도 70, 80년대와는 비교할 수 없이 떨어졌다. 지금 부산 초량에 위치해 있는 '중국인의 거리', '상해 거리'의 사정은 역시 이와 다르지 않다. 70, 80년대 이 거리는 지금의 '상해 거리'라는 명찰이 없어도 중국인의 정취를 느낄 수 있었던 곳이었다. 부산시에서 '중국인 거리'를 활성화하기 위해 '상해 거리'란 명찰 부여 등 노력을 약 30년 동안 해오고 있지만 이전의 활기를 되찾기는 힘든 것 같다.

부산의 상해거리

부산의 상해거리

부산의 상해거리

부산 상해거리 중국전통빵집

부산 상해거리 부산화교 중 · 고등학교

부산 상해 거리 부산화교 중 · 고등학교 '쌍십절' 행사

# 4. 하늘이 내린 자연환경

## 4-1 지리환경

### 중국

중국은 영토가 광대하여 다양한 지리환경을 갖추고 있고 자원도 풍부하다. 평원과 낮은 구릉으로 이루어진 동부지역은 경제가 발달하였고 인구가 밀집되어 있다. 반면 지세가 높고, 인구밀도와 경제발전이 낮은 서부지역은 여행업 발전에 비교적 좋은 조건을 갖고 있다. 이곳의 경제 · 인구밀도 · 교통조건 등의 문제가 여행업 발전에 제한을 가져다 주지만. 그 곳의 독특한 자연풍경과 특색 있는 사회풍경은 더욱 큰 매력을 품고 있고, 등산 · 여행 자원이 풍부하다.

중국은 다음과 같은 지형윤곽의 기본 특징과 자원을 가지고 있다.

#### ① 계단형 지세(地勢)

중국 지세는, 서쪽에서 동쪽으로 점차 내려가 '3단계 계단식 지세'로 명확하게 나누어져 있다. 서쪽에 청장고원(青藏高原: 칭짱고원)은 해발 4,500m, 면적은 250만km$^2$로, 중국은 물론 세계에서도 가장 높은 고원으로, '세계의 지붕' 및 남북극과 더불어 '삼극(三極)'이라 불린다. 두 번째 계단은 고산, 고원과 분지로 구성되어 있고, 평균 해발 1,000~2,000m이다. 동쪽 세 번째 계단은 해발 200m보다 낮은 평원과 해발이 500m보다 낮은 구릉으로 구성되어 있다.

### ② 산이 많고 높다

산지・고원과 구릉을 포괄하는 산지가 전국 토지면적의 65%를 차지하고 해발 1,000m 이상의 산지고원이 1/2를 차지한다. 특히 청장고원 주변에 있는 산맥은 많은 고봉이 해발 6,000m를 초과한다. 전세계 8,000m 이상의 14개 고봉 전부가 히말라야산맥과 곤륜산맥(崑崙山脈)에 있다.

### ③ 지세의 유형이 다양하다

중국은 국토가 광활하고 지질조건이 복잡하여 산지・구릉・고원・평원・분지 등이 모두 분포되어 있을 뿐 아니라, 또 전형적인 산악빙천・동토・바람・모래・황토 등 여러 유형의 해안을 발육시켰다.

### ④ 4대 큰 강

장강(长江: 창장)은 양자강(扬子江: 양즈장)으로 불리며, 중국의 가장 긴 강이며, 나일강과 아마존강에 이어 세계 세 번째로 긴 강이다. 청장고원에서 발원하여 총영토의 1/3에 해당하는 남쪽의 성(省)・시(市)를 거쳐 동해로 유입한다.

황하(黄河: 황허)는 두 번째 긴 강으로 청해성(青海省: 칭하이성)에서 발원하여 북쪽의 여러 성을 거쳐 발해로 흘러간다. 황하는 비옥한 땅으로 인하여 '고대 황하문명'을 형성하였으며, 황하는 '중국 고대문명의 발상지'이자, 세계 4대 문명의 발상지 중 하나다.

흑룡강(黑龙江: 헤이룽장)은 가장 북쪽에 위치하며 중국에서 세 번째로 큰 강이다.

주강(珠江: 주쟝)은 남부에 위치하며 중국에서 네 번째로 큰 강이며, 물살이 약하고  수자원이 풍부하여 화물을 운송하기 적합한 환경을 지니고 있으며, 수로가 발달되어 있다.

### ⑤ 자원이 풍부하다

중국에는 토지 · 경지 · 삼림 · 초원 · 생물 · 광산 · 동력 · 철 금속 광산 · 비철 금속광산 등 자원이 풍부하다. 중국의 금 매장량은 세계 4위, 구리는 3위, 납과 아연 외 1위를 자랑하고 있다. 1990년대 조사된 바에 따르면 중국은

| 중국지형도  출처_≪중국상식3 지리≫, 중국국무원교무판공실/중국해외교류협회 저/김민호 역, 다락원, 2003

240개 석유 유전과 77개 천연가스 지대가 1차적으로 확인되었으며, 이미 개발된 유전과 천연가스 지대는 204개가 된다. 흑룡강성의 '대경유전(大庆油田)'은 최초로 개발된 전국에서 가장 큰 유전이다.

## 대만

대만의 지형은 전형적인 고구마 모양이며, 섬의 총면적은 우리나라의 1/3 정도 되며, 국토의 2/3 정도가 구릉과 산지로 이루어져 있다. 기후는 아열대성 기후 특징을 지니고 있고, 3·4월은 봄이며, 5·6·7·8·9월은 여름, 10·11월은 가을, 12·1·2월은 겨울로 구분된다. 그러나 10월에도 매우 무덥고 습하며, 겨울철은 우리나라의 가을 날씨로 보면 되고 '삼한사온(三寒四溫)'의 기후적 특성을 지닌다. 남

| 대만 지형도

쪽지역 가오숑(高雄: 고웅)은 북쪽 타이베이보다 겨울에는 더욱 따뜻하고, 여름에는 더욱 무덥고 습도가 높다. 또 타이베이의 겨울 특징은 비가 자주 오는 것이다.

### 홍콩

홍콩의 지형은 신계(新界: 신지에)·구룡(九龙: 지우롱)·홍콩섬(香港岛: 샹강따오)을 포괄한 235개의 외곽지역의 섬으로 구성되어 있다. 신계는 홍콩의 가장 큰 면적을 차지하고 있고, 대부분 전원지역이다. 구룡은 작은 편이지만 다른 도시에 비해 도시화를 빨리 이루었다. 홍콩섬의 중심도시는 산으로 둘러싸인 남쪽 해안이 아닌 대부분 북쪽 해안가에 위치하고 있다. 기후는 아열대 기후로, 4·5·6·7·8·9월은 우기로 고온다습하며, 7~9월은 태풍이 자주 찾아오고, 10·11·12·1·2·3월은 가을과 겨울로 건조하며 기온은 적당하다.

## 4-2 광활한 땅과 아픈 역사의 흔적 그리고 다민족에 의한 행정구역

광활한 영토의 중국은 대만을 포함하여 23개[16] 성(省)·4개의 직할시·5개의 경제특구(经济特区)로 나누어지고, 역사의 아픈 흔적에 의하

---

16 … 대만에서는 22개의 성으로 명시하고 있다. 이는 중국과 대만의 정치적 입장에서 비롯된다.

여 2개의 특별행정구로 나누어지며, 또 다민족 국가의 특색에 따라 5개 자치구(自治区)로 나누어지는 행정구역 체제를 갖추고 있다. 중국의 '성(省)'은 우리나라의 '팔도강산' '도(道)'의 개념을 가지지만 크기는 우리의 '도'와 비교할 수 없이 크다. 사천성 하나가 우리나라의 4배 정도 된다. 우리의 시청 · 도청이란 용어 대신 시정부(市政府) · 성정부(省政府)라고 부른다.

대만을 제외한 중국의 국토는 우리나라의 96배이며, 북경에서 신강성의 우루무치까지 비행기로 5시간이 넘고, 기차로는 2000년대 초반까지도 70시간 이상 소요되었다. 따라서 중국 기차는 침대칸 등 다양한 시설이 있는 것도 특색이지만, 변방지역에서 오는 기차는 소수민족의 이색풍경을 담고 있기도 한다.

중국지도를 통해 23개의 '성(省)'과 성회(省会: 성을 대표하는 대도시) · 4대 직할시 · 5개 자치구 · 2개 행정특구 · 5개 경제특구 등의 지명과 위치를 언어와 이미지를 통해 효율적으로 익혀보기로 한다.

## 23개 성(省)

| 23개 성(省) | 약칭 | 성회 |
|---|---|---|
| 1. 흑룡강성(黑龙江省: 헤이룽장성) | 흑(黑) | 하얼빈(哈尔滨) |
| 2. 길림성(吉林省: 지린성) | 길(吉) | 장춘(长春: 창춘) |
| 3. 요령성(辽宁省: 랴오닝성) | 요(辽) | 심양(沈阳: 썬양) |
| 4. 상동성(山东省: 싼동성) | 노(鲁) | 제남(济南: 지난) |

| | | |
|---|---|---|
| 5. 강소성(江苏省: 쟝수성) | 소(苏) | 남경(南京: 난징) |
| 6. 절강성(浙江省: 쩌쟝성) | 절(浙) | 항주(杭州: 항쩌우) |
| 7. 복건성(福建省: 푸젠성) | 민(闽) | 복주(福州: 푸쩌우) |
| 8. 광동성(广东省: 광동성) | 월(粤) | 광주(广州: 광쩌우) |
| 9. 안휘성(安徽省: 안훼이성) | 환(皖) | 합비(合肥: 허페이) |
| 10. 강서성(江西省: 쟝시성) | 감(赣) | 남창(南昌: 난창) |
| 11. 하북성(河北省: 허베이성) | 기(冀) | 석가장(石家庄: 쓰쟈쫭) |
| 12. 하남성(河南省: 허난성) | 예(豫) | 정주(郑州: 정쩌우) |
| 13. 호북성(湖北省: 후베이성) | 악(鄂) | 무한(武汉: 우한) |
| 14. 호남성(湖南省: 후난성) | 상(湘) | 장사(长沙: 창싸) |
| 15. 산서성(山西省: 싼시성) | 진(晋) | 태원(太原: 타이웬) |
| 16. 섬서성(陕西省: 싼시성) | 섬(陕), 진(秦) | 서안(西安: 시안) |
| 17. 귀주성(贵州省: 궤이쩌우성) | 귀(贵), 검(黔) | 귀양(贵阳: 꿰이양) |
| 18. 감숙성(甘肃省: 간수성) | 감(甘), 농(陇) | 난주(兰州: 난쩌우) |
| 19. 사천성(四川省: 스촨성) | 천(川), 촉(蜀) | 성도(成都: 청두) |
| 20. 운남성(云南省: 윈난성) | 운(云), 전(滇) | 곤명(昆明: 콘밍) |
| 21. 청해성(青海省: 칭하이성) | 청(青) | 서령(西宁: 시닝) |
| 22. 해남성(海南省: 하이난성) | 경(琼) | 해구(海口: 하이커우) |
| 23. 대만성(台湾省: 타이완성) | | 대북(台北: 타이베이) |

영하회족자치구
흑룡강성
하얼빈
길림성
장춘
연길
심양
요령성
대련
우루무치
신강위구르자치구
감숙성
후허하오터시
하북성
북경
내몽고자치구
천진
연태
위해
태원
석가장
은천
청해성
서령
제남
산서성
산동성
난주
서안
정주
강소성
서장자치구
섬서성
하남성
합비
남경
상해
사천성
무한
라싸
호북성
안휘성
항주
성도
중경
남창
절강성
장사
강서성
귀주성
복주
호남성
운남성
귀양
복건성
대만
곤명
광서장족자치구
광동성
샤먼
남령
광주
썬전
마카오
홍콩
싼터우
주하이
해남성
(하이난)

| 중국 지도

## 4대 직할시

1. 북경(北京: 베이징): 중국의 수도
2. 상해(上海: 상하이): 중국 최대의 항구
3. 천진(天津: 텐진): 북경의 외항
4. 중경(重庆: 총칭): 중국 내륙에 있는 직할시

## 5개 자치구(소수민족 지역) : 중국의 행정구역에서 역사를 배운다.

| 5개 자치구 | 수부(首府) |
|---|---|
| 1. 내몽고자치구 : 内蒙古(네이멍구)自治区 | 후허하오터(呼和浩特) |
| 2. 영하회족자치구 : 宁夏回族(링샤훼이주)自治区 | 은천(银川: 인촨) |
| 3. 신강위구르자치구 : 新疆(신쟝)维吾尔自治区 | 우루무치(乌鲁木齐) |
| 4. 서장자치구 : 西藏(시즈앙: 티베트)自治区 | 라사(拉萨) |
| 5. 광서장족자치구 : 广西壮族(광시장주)自治区 | 남령(南宁: 난닝) |

※ 267년 동안 중국을 통치한 만주족은 자치구가 없다. 흔적 자체가 살아짐. 만주족은 순수 중국민족과 융합되었음.

## 2개 특별행정구

1. 홍콩특별행정구: 香港(샹강)特別行政区
2. 마카오특별행정구: 澳门(아오먼)特別行政区

**베이징**

금 · 원 · 명 · 청대를 거쳐 오늘날에 이르기까지 약 1,000년 가까이 중국의 중심지, 수도였으며, 중국 정치 · 경제 · 문화 · 과학 · 교육 · 국제교류 등 모든 방면에서 심장 역할을 하였다. 연경(燕京) · 대도(大都) · 북평(北平) 등 지명을 거쳐 지금의 북경(北京)으로 명명되었다. 북경에는 국내외로 유명한 관광명소와 명승고적이 많다.

**상하이**

중국의 제일 큰 항구 · 공업 · 상업 · 금융 · 과학기술 도시이며, 중국에서 가장 먼저 서구문명을 받아들인 곳이기도 하다.

**텐진**

북경의 외항이며, 중국 북방 최대의 공업도시로서 자원이 풍부하며, 북방의 중요 상업도시이기도 하다. 2006년 북방경제중심지로 자리매김을 하였다.

**총칭**

중국 내륙지역에 위치하고 있으며, 항일전쟁 때 국민정부의 소재지이기도 하며, 종합성격을 띠는 공업도시이다.

## 5개 경제특구

1. 썬전경제특구: 深圳(심천)经济特区
2. 주하이경제특구: 珠海(주해)经济特区
3. 싼터우경제특구: 汕头(산두)经济特区
4. 샤먼경제특구: 厦门(하문)经济特区
5. 하이난경제특구: 海南(해남)经济特区(동양의 하와이)

## 14개 해안개방도시

1. 대련(大连: 따렌)
2. 진황도(秦皇岛: 친황따오)
3. 천진(天津: 텐진)
4. 연대(烟台: 이엔타이)
5. 청도(青岛: 칭따오)
6. 연운항(连云港: 렌윈강)
7. 남통(南通: 난통)
8. 상해(上海: 쌍하이)
9. 영파(宁波: 닝붜)
10. 온주(温州: 원저우)
11. 복주(福州: 푸저우)
12. 광주(广州: 광저우)
13. 담강(湛江: 짠장)
14. 북해(北海: 베이하이)

### 부성급(副省级)도시

- 동북지역: 심양(沈阳) · 대련(大连) · 장춘(长春) · 하얼빈(哈尔滨)
- 화동지역: 남경(南京) · 항주(杭州) · 영파(宁波) · 하문(厦门) · 제남(济南) · 청도(青岛)
- 화중지역: 무한(武汉)
- 화남지역: 광주(广州) · 썬전(深圳)
- 서남지역: 성도(成都)
- 서북지역: 서안(西安)

## 4-3 기후

중국은 광활한 영토와 다양한 지형으로 인하여 기후의 유형은 다양하고 복잡하다. 중국은 뒤로는 세계에서 가장 큰 대륙 러시아를 등지고 있고, 앞으로는 세계에서 가장 큰 바다 태평양을 마주보고 있다. 때문에 중국의 기후는 전형적인 대륙성 계절풍기후가 현저히 나타나고 있다. 겨울에는 대체로 춥고 건조하며, 여름에는 청장고원 이외는 전국적으로 고온다습한 날씨를 나타내는 것이 특징이다. 그러므로 중국은 동일 위도선에 위치하는 나라보다 겨울은 더 춥고 여름은 더 무덥고 연교차가 더 크다. 겨울에 가장 추운 곳은 흑룡강의 막하현(漠河县: 모허시엔)으로 영하 53도까지 내려간 기록이 있다. 하얼빈시는 연교차가 40도 이상 난다. 여름에 가장 덥고 기온이 높은 곳은 신강의 투르판(吐鲁番)

으로 7월에 섭씨 48도를 기록한 바 있다. 전통적 중국의 '3대 가마솥(三大火爐)'은 장강유역의 중경 · 무한 · 남경이다. 북경과 천진은 북방에 위치하지만 여름에는 무덥고 겨울에는 춥고 대부분 눈으로 쌓인 날이 많다.

## 4-4 북방과 남방의 인문지리 (중국 동부지역을 중심으로 함)

보통 중국을 북방 · 남방, 또는 북방인 · 남방인으로 크게 나누는데, 여기서 말하는 북방과 남방은 평원지대, 비옥하고 인구밀도가 높으며 경제가 발전된 땅 중국 영토의 동부지역을 가리키며, 동부지역에서 장강을 분기점으로 북방과 남방으로 나눌 수 있다. 장강 이북과 이남은 지세와 기후 등 자연환경의 차이로, 북방인과 남방인의 생김새와 기질이 다르고, 생활방식도 다르며, 언어의 차이도 크다. 북방은 춥고 토양이 비옥하지 않아, 밀가루와 고구마 등 곡식이 주식이고, 먹을 것, 생계 문제가 해결되지 않으므로, 공자를 비롯한 유가사상, 즉 현실주의 철학이 출현하게 되었다. 반면 남방은 따뜻하고 토양도 비옥하여 쌀과 생선 등 먹을 것이 풍성하여, 노자 · 장자와 같은 낭만주의적 철학이 나올 수 있었다.

# 5. 풍요로운 중국을 더욱 풍요롭게 하는 그 무엇 (찬란한 유산, 문화 · 문화의 뿌리 한자 …)

## 5-1 민족, 소수민족에 대한 중국 정부의 정책

중국 민족인 한족(漢族)은 수천 년의 역사를 통해 주변 민족과 자의든 타의든 간에 접촉이 이루어졌으며, 주변 민족은 한족에 동화되거나 또는 소멸되었는데, 중국을 통치하고 중국 역사의 주인공이 된 중국 역대의 두 왕조, 원(元)나라의 몽고족은 결국 내몽고와 외몽고로 나누어져 내몽고는 아직 중국으로부터 독립하지 못하였으며, 청(淸)나라의 만주족은 중국에 융화되었던 사례를 들 수 있다. 예컨대 지금 중국은 한족과 55개 소수민족으로 구성되어 있으며, '한 · 만 · 몽 · 회 · 장 · 묘(漢 · 滿 · 蒙 · 回 · 藏 · 苗)' 즉, 한족 이외 소수민족의 규모는 만주족 · 몽고족 · 회족 · 장족(티베트족) · 묘족 순으로 이루어진다. 원래 한족은 중국 인구의 95%, 55개 소수민족은 5%를 차지하였으나, 중국의 한족에 대한 1가구 1자녀 정책과 소수민족에 대한 자

| 광서 소수민족 (3월 3일 민족예술절)

| 백족(白族: 바이주)

녀 무제한 등 인구정책에 따라 한족의 인구 증가세가 낮은 반면 소수민족의 인구 증가세는 높아지고 있다. 2008년 인구통계에 따르면 한족은 총인구수의 약 91.5%, 55개 소수민족은 약 8.5%를 차지하며, 55개 소수민족이 9%가 안되지만 우리나라 인구의 3배가 넘는다. 소수민족은 동북 · 서북 · 서남 등 저개발지역과 인구밀도가 낮은 변방지역에 거주하고 있으며, 지리적으로 광범위하게 분포되어 있다. 신강성에는 13개 민족, 운남성에는 23개 민족이 거주하고 있다.

| 리쟝 나시주(灕江 納西族)

소수민족에 대한 중국 정부의 정책은 중화인민공화국 건국 이후 본격적으로 시행되었다. 중국 정부는 강압적인 통제정책 대신 유화정책을 채택하였다. 즉, ① 통일된 다민족국가 지향 ② 민족의 평등 · 단결 유지 ③ 자치제도 시행 ④ 각 민족의 공동발전 추진 ⑤ 소수민족의 문화에 대한 보호와 발전 등을 내세우고 있으나, 소수민족의 한족 동화를 이루기를 희망하는 심리도 담고 있다고

| 동족(侗族: 동주)

| 동족의 유차(油茶: 기름차)

| 토족(土族: 투주)

할 수 있다. 그 결과 130종이 넘는 소수민족의 언어 가운데 상당수 이미 소멸 또는 소멸단계에 있음을 나타냈다. 이러한 중국의 소수민족에 대한 우대정책에도 불구하고, '하나의 중국'이란 정책에 대하여 불만을 품은 신강 · 서장(티베트) 지역의 소수민족과 중국간의 충돌과 분쟁이 일어났으며, 국제사회에서의 인권문제로 대두되는 등 민족문제는 중국 정부의 난제 중의 하나라고 할 수 있다. 특히 티베트의 독립문제로 크고 작은 분쟁 끝에 티베트의 정신적 지도자인 달라이라마와 티베트인들이 인도로 망명하기도 했다.

이미지를 통해 55개 소수민족의 여인들과 만남의 시간을 가져볼 생각이었으나, 수록한 사진 자료가 마련되지 않아 아쉽게 생각한다.

## 5-2 한족의 민족성 그리고 지역간 기질

순수 중국인을 대표하는 한족(漢族)이란 민족명과 아울러 한인(漢人) · 한자(漢字) · 한문(漢文) · 한어(漢語) 등 낱말의 유래는 글자에서도 나타나듯이 중국 한(漢) 왕조의 왕조명에서 명명되어졌다. 한족 역시 많은 종족을 문화적으로 동화시켜 지금의 한족을 이루게 되었다. 이는 상상을 초월하는 중국의 동화력과 사회 · 교통의 발달 덕분이다. 중국의 민족성 역시 어떻다고 단정 짓기는 어렵지만, 일반적으로 중국 민족성을 ① 역사 · 경험 중시 ② 참을성 ③ 무관심 ③ 체면과 우월감 ③ 향락성 ④ 보수성 ⑤ 평화주의 ⑥ 정의 중시(이상은 학자가 내린 정의) ⑦

**중국의 향락성을 대표하는 '마작(麻將 : 마쟝) 문화'**

중국의 '마작'은 도박의 성격도 지니지만, 일종의 '오락문화'를 형성하고 있다. 대만에는 마작 오락 업소가 있는데, 장소와 차 등을 제공한다. '마작'은 반드시 4명이 한 조를 이뤄야 할 수 있는 놀이므로 4명을 한 팀으로 구성하는 역할이 바로 '마작 업소'를 탄생시킨 가장 큰 이유가 아닌가 한다.

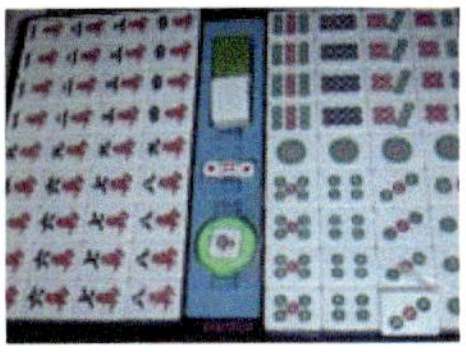

| 마작(4인1조의 오락문화)

**향락성**: 도가 · 아편 · 마작

**복수**: 공자의 "원한은 합당한 방법으로 갚아라" 즉, 벌을 주어라에서 찾아 봄.

**산동**: 공자 · 맹자의 나라. 우리나라와 지리적으로 가장 가깝고, 산동인은 우리와 기질이 가장 흡사하다.

천천히(慢慢地: 만만디) ⑧ 복수 등으로 압축해 볼 수 있다. 중국 영토의 1/96되는 우리나라에서도 지역마다 두드러지는 지역성을 갖고 있듯이 중국의 지역기질은 더욱 다양하고 강한 특성을 지니고 있다. 중국 지역성은 지리적 차원, 즉 장강을 기점으로 남방인과 북방인의 기질로 크게 나눌 수 있다. 황하유역에 사는 사람, 즉 북방사람은 체격이 큰 반면 남방사람은 체격이 작다.

### 북방인

북경인은 지금은 물론 긴 세월의 도읍지란 혜택과 북경어의 표준어 제정으로 인하여 자부심 · 권력욕 · 명예욕이 강하며 예의도 있는 편이다. 사업에 있어서는 인간관계가 필요하기도 하다. 산동인은 순박하고 단순하며 관용적이며, 정의감과 단결심이 강하다. 청나라 말경의 의화단(義和團) 사건의 발원지이고 또 세계적으로 유명한 소설≪수호전≫의 무대이기도 하며, 산동에는 양산박이란 지명을 가진 곳도 있다. 지리적으로 우리나라와 가까이 위치하면서 기후는 물론 기질 또한 우리나라 사람과 유사하다. 동북인은 흑룡강성 · 길림성 · 요령성 사람을 가리키는데, 추운 날씨 때문에 술을 좋아하고 58도 이상 되는 독주를 즐겨 마신다.

### 남방인

상해인은 항구란 특징 때문에 일찍부터 서양문명을 받아들여 국제도시로 성장하였으므로, 서구화 경향이 짙고 개방적이며 교양도 있다. 복건인은 저축욕이 강하여 구두쇠란 평판을 받기도 하는데, 사업에 있어 매우 신중한 편이다. 광동인은 인내심이 강하고 장사수완이 좋아 상권을 잡고 있으며, 사치도 적당히 누릴 줄 알고, 식생활과 먹는 것을 중요시한다. 그러나 정의로움이나 신용은 좀 떨어지므로 광동인과 사업상 거래를 할 때는 신중히 처신해야 한다.

## 5-3 인생철학(의식)과 정통문화정신

중국은 고대문명과 중국민족을 번성시키는 힘, 그리고 지리적 환경 등 요소가 자아 중심적이고 내부지향적인 철학관과 세계관인 '중화사상(中華思想)', 중국의 중심사상을 만들어내게 되었다. 이 정신은 노예사회에서 봉건사회로 전이된 춘추전국시대에 본격적으로 싹트고 빛을 발휘하였는데, 이 시대를 '백가쟁명(百家爭鳴)의 시대'라고도 한다. 당시 제자백가(諸子百家)의 철학이 중국의 전통사상을 이루었으며, 이는 '인류사상의 보고(寶庫)'라고 할 수 있다.

### 북방철학

| 여러 얼굴로 전해오고 있는 공자 출처_qzone.qq.com www.chinabaike.com

공자사상(孔子思想)을 비롯한 맹자(孟子)[17]의 성선설(性善說: ≪맹자≫), 순자(荀子)의 성악설(性惡說: ≪순자≫) 등 '유가(유교 · 유학이라고도 함)사

17 … 맹모삼천(孟母三遷) 이야기

상(儒家思想)', 묵자(墨子)의 '묵가(墨家)사상' 등이 있다. 공자사상을 집대성한 것이 그 유명한 ≪논어(論語)≫다. ≪논어≫는 공자의 가르침서이며, 공자 제자들에 의해 편찬되었다.

| 왼쪽부터 대궐 규모의 공부(孔府), 공자육예성(孔子六艺城), 공자고리원(孔子故里院).

| 맹자

### 남방철학

노자(老子)와 장자(莊子)의 '도가(도교)사상(道家思想)', 즉 '노장사상' 등이 이에 속한다. 노자사상을 담은 노자의 ≪도덕경(道德經)≫이 유명하다.

### 법치철학

유가의 덕치주의(德治主義)가 아닌 상벌주의 형법정치(刑法政治)를 주장한 '법가(法家)사상'은 중국 전통사상에 있어 중요한 일파를 이루었다. 현대사회가 법으로 다스려지는 나라임을 고려할 때, 국가통치에 절대적으로 적합한 철학임은 틀림없다. 그러나 '악법도 법'이다, 이러한 법치철학은 통치자 중심이 아닌 민주적인 토대에서 이루어져야 한다. 전국시대 말기 진(秦)나라의 상앙(商鞅)·신불해(申不害) 등은 초기법가를 정립, 한비(자)(韓非, 韓非子라고도 함)가 선진(先秦)시대의 초기법가사상을 집대성하여 '진시황(秦始皇)의 천하통일'에 기여하였다. 법가사상은 진나라의 통치 학설·건국이념으로 세워졌다. 한비자의 ≪한비자

| 진시황

≫는 지금도 형법 전문가들이 애용하는 법관련 철학서이다.

제자백가 가운데 4가(四家)로 불리는 유가 · 도가 · 법가 · 묵가 등은 중국의 '전통사상'으로 각자의 철학이념을 지니고 있다. 유가는 가족 중심의 중용주의(中庸主義), 인(仁) · 덕(德) · 예치(禮治)적 통치사상을 지니고, '수신 · 제가 · 치국 · 평천하(修身 · 齊家 · 治國 · 平天下)', 즉 개인 · 가정 · 사회 · 국가는 혼연일체를 논하는 '군자양성' 철학이자 '현실주의' 철학이며, '농사꾼'의 철학이라 할 수 있다. 도가는 개인중심의 소극주의로 인해 백성을 우둔하게 하는 철학, 법가는 국가중심의 징벌주의, 법치적 통치사상을 지닌 통치자 우선의 철학이며, 묵가는 이익(利)을 강조한 세계 중심의 적극주의, 천치(天治)사상으로 백성들의 평등이념을 구현하려고 했던 노동자 우선의 혁명적 철학사상이라 할 수 있다.

근 · 현대의 철학사상은 중국의 전통사상과 서양사상을 접맥시키려는 노력이 있었으며, 청나라 말경, 그 철학이념이 확립되었는데, 바로 손문의 '삼민주의(三民主義)'와 그 이후의 모택동사상이다. 대만에서는 삼민주의, 중국에서는 모택동사상을 건국정신으로 삼고 있다.

현재 중국의 5대 종교는 불교(佛教) · 도교(道教) · 이슬람교 · 기독교 · 천주교 등이 있지만, 유가와 도교는 중국문화에 절대적인 영향을 미치고 있다. 특히 요(堯) · 순(舜) · 우(禹) · 주공(周公)에서 공자(孔子)에 이르기까지의 중국의 도덕적 전통정신은 지금도 하나의 기본 철학이념으로 삼고 있다. 천인합일(天人合一)의 철학 속에서 인(仁)과 중용(中庸) · 도덕 · 조화(調和)를 중시하는 유가사상은 곧 중국의 도덕적 전통정신인 중국사상을 이루었으며, 유가사상은 일종의 종교가 아닌 자신과 가정과 국가를 다스리는 규범, 철학이념으로 중국사회에서 자리잡고 있다. 우리나라의 왕궁과 같은 규모의 중국 '공자묘'는 공자정신이 바로 중국정신임을 짐작하게 한다.

등소평은 중국의 문호개방정책을 실천, 중국을 사회주의 국가에서 자본주의 사회로 전환시켰지만, 정치의 민주화는 찬성하지 않았다. 그의 '헤이마오 바이마오 논(黑猫白猫論)', 즉 '검은 고양이든 흰 고양이든 쥐만 잘 잡으면 된다는 뜻으로 공산주의든 자본주의든 중국을 발전시키고 잘 살게 하면 된다는 논리' 역시 중국인의 특유의 현실주의 철학, 즉 유가적 철학을 잘 나타내고 있다.

'장수의 과일 복숭아'를 가지고 있는 장수신

금전신

웬바오(元寶)을 지고 있는 금전신

삼신 할멈

학자의 길로 인도하는 신

## 중국의 4대 전통사상 재정리

### 1. 유가사상(유교)

실용주의, 현실주의 사상. 공자 · 맹자 사상이다.

- 공자이후의 유가:
  - 내성파: 증자 - 자사 - 맹자(성선설: 인과 의). 도덕적 전통을 강조하면서 공자 · 증자 · 자사 · 맹자의 계보를 중시하여 사서가 성립되었다.
  - 숭례파: 자유 · 자하 - 순자(성악설: 예+법). 순자 학설은 이단학문으로 취급되어 오다가 최근 재평가되어지고 있음.

### 2. 도가사상(도교)

낭만주의 사사, 자신의 이상을 추구하는 사상.

### 3. 법가사상

중국의 법 역사는 2,300년 정도 된다. 법가사상을 집대성한 한비자는 유학자 순자의 문하생이었다. 법가사상은 유가에서 비롯되었다고 할 수 있다. 공자의 "원한은 합당한 방법으로 갚아라."란 가르침에서 '벌', '법'을 공자는 얘기하였고, 순자는 처음으로 법을 예에 접목시켰다.

### 4. 묵가사상

겸애, 박애를 주장하는 철학이다.

공자의 가르침서인 ≪논어≫, 노자의 ≪도덕경≫, 한비자의 ≪한비자≫는 모두 유명한 동양고전이다.

# 6. 다채롭고 풍요로운 생활문화

## 6-1 고가의 바퀴벌레 요리까지 먹는 음식문화와 젓가락

**중국과 우리 음식의 성격**
중국음식의 조리법은 남성적이고, 우리 음식은 여성적이다. 대장금, 우리의 궁중요리사는 여성인 반면 중국은 남성이다. 문화는 민족의 습성을 담고 있고, 언어습관에도 잘 녹아 있다.

중국은 토지가 넓은 만큼 식생활방식과 종류 또한 무궁무진하며, 조리법도 다양하여 지방마다 각자의 풍미를 지닌다. 북쪽은 짠맛, 남쪽(광동의 텐텐: 甛点: 단 간식)은 단맛, 동쪽(산동)은 매운맛, 서쪽(산서성 일대)은 신맛이 특징이다. 모든 나라의 상황이 다를 바 없지만, 특히 광대한 나라 중국을 다스리는 역대임금들의 '통치관건'은 백성들이 굶주림 없이 사는 것으로, 중국인들은 '식(食)'을 매우 중요시 한다. 그러므로 우리의 '의 · 식 · 주(衣 · 食 · 住)'를 '식 · 의 · 주 · 행(食 · 衣 · 住 · 行)'이라고 한다. 한마디로 중국인들은 요리를 '예술'로 간주, '음양오행설(陰陽五行說)'의 철학이치에 적용시키기도 하며, '색(色) · 향(香) · 맛(味) · 형(形)'을 모두 갖추어야 훌륭한 음식이라 할 수 있다. 중국 남성들은 예부터 음식 만드는 일에 자부심을 갖기도 하고, 음식대결도 이루어져 왔다. 중국인들은 일반음식에도 '음식의 모양'을 소홀히 하지 않아 음식의 다채롭고 정교함이 감탄을 자아내게 한다. 중국음식은 '밥과 반찬'의 개념보다 '요리(料理)' 개념을 갖는다. 중국의 음식문화는 세계적으로 유명하며, 중국음식을 '중국요리' 또는 '청요리'라고 우리는 말한다.

중국음식의 특징은 '먹거리가 세계 1위'라고 자부하는 중국 사람들은 안 먹는 것이 없다는 점이다. '네발 달린 것은 의자 · 탁자 이외는 다 먹는다'란 말이 있을 정도고, 중국 무협소설이나 무협영화에서는 '사람고기 만두'도 등장한다. 길거리 음식 가운데 전갈꼬치 · 지네꼬치 · 굼벵이꼬치 · 개구리꼬치 · 뱀꼬치 등 다양한 '꼬치'와 닭 머리 등 먹거리 문화는 이색적이면서도 비위를 상하게 할 수도 있다. 그러나 양고기꼬치는 우리나라 사람들도 즐겨 먹는 길거리음식이다. 명성 있는 '지방전통요리'에는 광동요리를 비롯하여, 사천 · 산동 · 양주 · 호남 · 절강 · 복건 · 안휘 등 '8대명요리(八大名菜)'가 그 명성과 전통을 지니며, 북경요리도 유명하다.

## 광동요리

'식재광주(食在廣州: 광동성 광주에서 음식을 먹다)'란 말처럼 광동요리는 다양한 재료를 사용하는데, 개고기는 안 먹어도 고양이 · 벌레(고가의 바퀴벌레) · 쥐 · 거북이 · 원숭이(뇌) · 뱀 요리가 있다. 고가의 상어지느러미 요리는 세계적으로 유명하다. 또한 16세기 이래 광동은 서방국가와의 무역을 위해 개방된 무역항이었으므로 광동사람들은 포르투

'중국요리의 꽃' 광동의 '딤섬'

작은 나무찜통에 담아 찐 요리인데, 만두류 · 육류 · 생선류 등 음식 종류가 다양 다채롭고, 양이 매우 적은 것이 특징이기도 하다.

| 중국요리의 꽃 '딤섬'

| 홍콩 요리

| 샹창 밥(홍콩 요리)

| 무요리(홍콩 요리)

| 홍콩 간식거리

| 홍콩 수프

갈 · 스페인 등 세계의 상인들과 많은 교류가 있는 특성 때문에 광동요리는, 중국의 전통요리에다 외지의 향신료를 첨가하여 국제적인 요리법을 개발하게 되었다. 자연의 맛을 바탕으로 신선하고 부드럽고 시원한 맛과 '탕(湯)'이 특색이다. 그러나 광동요리를 대표하는 음식은 '덴신(点心: 점심 點心)', 즉 광동말의 '딤섬'이다. '딤섬'은 '중국요리의 꽃'이라 불린다.

## 산동요리

산동요리는 센 불에 금방 익히는 조리법이 유명하고, 튀기거나 볶는 요리가 일품이며, 짜고 매운 맛이 특징이다. 명·청시대 때 산동출신의 요리사들은 입궁하여 궁중요리에 상당한 영향을 미쳤다. 특히 청나라 궁중요리인 '한만전석(漢滿全席)'에 영향이 크다. 지리환경에 따라 요리를 창출해내기도 하는데, 우리나라의 자장면 등 중국음식이 바로 산동 화교가 개발한 것이다. 한국인 입맛에 맞게 개발한 산동요리이다.

한국의 '중국음식집' 즉 '자장면 집'은 산동성에서 이주한 화교들의 타국으로의 이민생활로 인하여 개발되어졌다. 지금 비록 동네마다 중국집이 없을 정도로 중국집이 많지만, 그 맛은 '옛맛'을 그리워하게 한다.

**자장면과 간자장**

간자장은 물기가 없는 자장, 즉 장을 즉석에서 새로 볶는 것과 자장면의 장보다 물기가 없는 것이 특징이다. 그러나 요즘 어떤 중국집에선 자장인지 간자장인지 구분이 별로 없는 듯하다.

**양장피의 두 얼굴**

원 양장피는 '피단'과 '해파리오이무침' 요리인데 언제 지금의 양장피로 바뀌어진 것인지 모르겠다. 우리나라 사람이 운영하는 중국집이 많아지면서 인것 같다. 그러나 전통 고급중국음식집에서 나오는 양장피는 '한국식 양장피'가 아닌 '중국식 양장피'이다.

**옛짬뽕과 지금의 짬뽕**

짬뽕은 원래 후춧가루를 넣어 만드는데, 후추의 가격이 비싸다보니 그 후 고추가루로 대신하게 되었다. 그러므로 우리나라 사람의 입맛에 더욱 맞는 음식이 되었다.

## 사천요리(매운 자짱, 사천 자짱)

사천요리는 매운 고추맛이 특징인데, '부파라, 파부라(不怕辣,怕不辣: 매운 것은 두렵지 않고 안 매울까 두렵다.)'라는 말이 있을 정도다. 사천은 분지지역으로 겨울의 추위와 여름의 더위가 매우 심한 곳이다. 그러므로 열을 보충하고 질병을 예방하기 위하여 매운 고추를 즐겨먹는 풍토가 생겼다. 사천요리로는 마파두부(麻婆豆腐: 마퍼더우푸)·샤브샤브(火

| 테이블 샤브샤브(대만)

**면식(麵食)의 나라 중국**

"세계의 면식(麵食: 밀가루 음식)은 중국에 있고, 중국의 면식은 산서성에 있다"는 말이 있듯이, 북방 중국 사람들은 밀가루 음식을 좋아한다. 산동성 사람도 밀가루 음식을 즐기고 국수집(麵館 멘관)이 많다. 면 · 만터우 등 음식인데, 만터우도 여러 동물 또는 꽃 등 사물의 모양으로 정교하게 실물처럼 만든다. 산서성의 면 종류는 400여개가 되며, 우리의 칼국수와 비슷한 다오샤오멘(刀削面) · 우리의 올챙이국수 모양을 한 어면(魚面: 위멘)과 고양이 귀(猫耳朶: 마오얼둬) · 장수면(壽面) 등이 있다.

다오샤오멘(刀削面)의 만드는 방법은 우리와 약간 다르다. 밀가루로 반죽한 큰 덩어리 반죽을 왼손으로 잡고 어깨방향으로 놓고 오른손은 칼을 잡고 반죽을 얇게 깎아내리는데, 솥과의 거리가 멀수록 기술이 뛰어나며, 음식을 만들면서 묘기를 연출하는데, 국수도 먹고 묘기도 보므로 일석이조의 즐거움을 준다. 장수면은 가는 면이 끊이지 않고 이어져야 하는데 이 역시 기술이 필요하다.

| 마파두부

| 기차 샤브샤브(대만)

锅: 훠궈)와 매운 삼겹살요리가 유명하고, 또 청나라 건륭(乾隆)황제가 즐겨 먹던 '고양이귀 국수(猫耳朵)'가 있는데, 정말 고양이 귀로 만든 면이 아니라 우리의 수제비면 반죽과 같은데, 고양이귀 모양과 비슷하다고 해서 이름이 지어진 것이다. 청나라 건륭제가 사천을 배를 타고 순회할 때, 사공에게 국수를 부탁하였으나 선상에는 국수를 밀은 밀대가 없어 손으로 빚은 것이 고양이귀 모양이었다.

## 북경요리

북경요리로는 600년 전통인 북경오리구이(北京烤鸭 베이징 카오야)가 세계적으로 유명하며, 츄엔쥐더카오야덴(全聚德烤鸭店)이 전문점이다.

|북경 오리구이

북경의 즈아야터우(炸鸭头)는 오리머리 요리로 우리는 보기만 해도 약간 혐오감을 일으키지만 중국인들은 좋아하는 음식이다. 특히 머리 안의 뇌가 맛있고, 잦은 소변을 치료해주기도 한다.

| 화즈지

화즈지(花子鸡: 거지 닭)는 닭을 황토로 싸서 구운 것인데, 전설에 의하면 거지가 닭을 얻었는데, 식기가 없어 흙으로 싸서 구웠다고 한다. 명나라 황제인 주원장(朱元章)이 황제가 되기 이전에 먹어본 적이 있는데 맛있다고 여겨, 황제가 된 후 민간음식이 되었다고 한다.

지방전통요리는 전국적인 음식이 되어 중국 어디에서든 즐길 수가 있다.

## 서민적인 대중음식

서민적인 대중음식으로는 북경의 쏸양러우(涮羊肉) · 소동파로 인해 유명해진 '동파육(东坡肉 동풔러우)' · 사천 공바오지딩(宫保鸡丁) · 마파두부(麻婆豆腐)와 중경의 훠궈(火锅: 샤브샤브) 등은 전역에서 즐겨먹는다.

중국요리 · 탕 · 면 등 음식 위에 보통 샹차이(香菜)를 약간 뿌리는데, 우리나라 사람들은 대부분 이 향을 싫어한다.

| 물만두

| 찐만두 · 죽 · 구운 만두

| 공바오지딩

| 동파육

| 두부완자(더푸완즈)

| 장육(장러우)

| 남전완자

| 새우튀김

| 천진역 옆의 거우부리바오즈점

| 간이식당

| 중국 전통빵 코너

| 만터우

| 바오즈

| 화쥐엔(꽃빵)

| 싸오빙

서민음식은 또 남 · 북의 지리환경에 따라 전통적으로 북방은, 밀가루 음식 면 · 만터우(馒头: 만두, 중국빵) · 쟈오즈(饺子: 교자, 만두) · 바오즈(包子: 왕만두) · 화쥐엔(花卷: 꽃 빵) · 싸오빙(烧饼) 등이 주식이며, 남쪽은 쌀밥이 주식이다. 천진의 거우부리바오즈(狗不理包子)와 상해의 게요리와 상하이탕바오(上海汤包) · 화쥐엔(花卷: 꽃 빵) · 단단멘(担担面) · 혼돈(馄饨)이 유명하다.

### 길거리음식

길거리음식으로는 궈티에(锅贴: 군만두와 비슷함) · 싸오빙(烧饼) · 양고기를 비롯한 각종 육류 꼬치 이외 다양한 꼬치(전갈 · 지네 · 굼벵이 · 개구리 · 뱀) · 처우더우푸(臭豆腐: 구린 냄새가 나는 부두 음식) 등이 있다.

| 처우더우푸

| 꼬치

| 꼬치

아침식사용으로 만두 · 면 · 죽 등 이외 떠우장(豆浆: 중국 콩국)과 여우탸오(油条)가 있다.

| 여우탸오와 떠우장

| 여우탸오와 떠우장

**우리나라와는 다른 판매 생활양식**

1. 중국에서는 야채와 과일을 저울에 무게를 달아 판다. 심지어 빵 한쪽을 사도 빵의 무게를 달아 돈을 받는 곳도 있다.

2. 음식을 주문하면, 주문한 음식만 나오고 음식에 추가적인 반찬은 나오지 않는다. 예를 들면 '쇠고기면'을 주문하면 '쇠고기면'만 나오고 우리나라와 같이 이에 당무지 또는 김치 따위가 나오지 않는다. 이러한 반찬을 '샤오차이(小菜)'라고 하는데, 역시 주문을 해야 한다. 밥종류를 주문할 경우도 마찬가지로 밥과 찬을 모두 주문해야 한다. 우리나라와 같이 '된장찌게'를 주문하면 '된장찌게'에 밥과 찬이 모두 나오는 음식문화는 우리나라의 음식생활양식인 것이다.

## 기타 식(食)생활양식

중국인들은, 우리가 생각하는 과일 토마토에 대하여 '채소'의 개념을 갖는다. '토마토탕'·'토마토계란볶음' 등은 가정에서 즐겨 먹는 음식이다.

중국인들은 밤참을 즐기는데, '샤오예(宵夜: 소야)'라고 하고, 밤참을 파는 곳을 '야시장(夜市: 예쓰)'라고 한다. 중국대륙은 한 때 정치적인 차원에서 야시장통제로 밤참을 누릴 수 있는 환경이 조성되어 있지 않았으나, 개혁개방 이후 점차적으로 야시장이 활발해지고 있다. 대만은 야시장이 매우 발달되어 있는데, 야시장이 있는 곳에는 사찰이 있고, 유명한 사찰에는 야시장도 유명하다. 그러므로 대만의 절은 사람들과 함께 하는 것이 또 특징이다.

| 대만 타이베이 시먼딩(西門町) 번화가 거리의 작은 전의 야경

중국인들은 또 젓가락문화가 발달되어 있다. 젓가락을 애용하는 식생활풍습은 중국 음식문화에서 찾아 볼 수 있듯이, 중국음식에는 우리음식의 '국'·'찌게'·'국밥' 등 음식이 없고 '탕(湯)'만 있는데, '탕'은 또 '필수음식'이 아니다. 그러므로 젓가락만으로도 충분히 식사가 가능하며, 젓가락은 없어서는 안되는 식사도구인 셈이다. 중국의 젓가락 역사는 3천년이 넘으

며, 젓가락에도 예술성을 강구하여 상아젓가락과 같은 호사스런 젓가락들이 많이 출시되고 있다. 중국인 식생활에는 우리의 숟가락이 없고, 중국인들은 젓가락으로 밥을 먹는다. '탕'이 있을 때는 국을 마시는 '탕츠(湯匙)'가 있다.

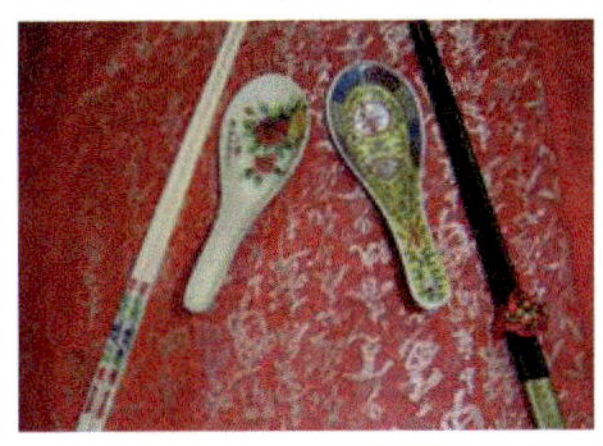

| 젓가락과 탕츠

그밖에 중국인들은 우리와는 달리 개인위생을 강구하는 식생활 습관이 있는데 바로 요리든 탕이든 '공용 큰 수저' 또는 '공용 탕츠'를 사용하여 요리와 탕을 개인 그릇으로 담아서 먹는다. 특히 손님과의 식사에서는 반드시 공용 식도구를 사용한다. 우리보다 위생적인 식생활문화를 지니고 있는 셈이다. 그러므로 중국인들이 우리나라의 찌게 · 튀김 간장 등 문화에 고개를 흔든다.

우리나라에서 말하는 중국 코스요리의 가격은 1인당 얼마로 계산하지만, 중국 방식의 코스요리 가격은 '한 테이블(一□)' 기준으로 계산한다. 한국 화교끼리 연회를 베풀 때 역시 한 테이블 기준인 코스메뉴 요리를 먹는다. 일정한 격식을 맞추어 음식이 나오는데 468코스는, 한 상에 처음에 4가지 찬 요리, 넝판(冷盤), 피단(皮蛋) · 해파리무침 등이 나

| 피단

| 시엔야단(짠 오리 알)

**물 서빙에도 기술을 요하는 중국**

중국의 고급음식점에서는 물 서빙에도 기술이 있어야 하고 물 서빙에도 예술성을 담아내며, 손님들에게 볼거리를 마련해주기도 하는 이색풍경을 볼 수 있다. 특이한 물주전자를 사용하므로 손님들에게 불편을 주지 않고 손님들로부터 거리를 두고 물을 따라준다.

오고, 그 다음 6가지 따뜻한 볶은 요리 러츠아오(熱抄), 이에 이어 산해진미로 만든 8가지 쭈차이(主菜)가 나온다. 많게는 32가지 코스도 있다.

우리나라에는 베트남 쌀국수 등 베트남 음식이 많은 반면, 대만에서는 태국음식점이 눈에 띄게 많고, 태국음식을 선호한다. 태국의 향신료로 만든 소스가 특징인 샤브샤브 음식점도 대만사람들의 사랑을 받고 있다.

※ 중국과 대만에서는 외식문화가 발달되어 있다.

## 6-2 술과 차 그리고 약 문화

중국술의 역사는 흑도(黑陶)문화인 '용산문화', 즉 5천년 이전으로 올라갈 수 있다. 술은 인간 삶의 기호품이며, 중국에는 시인을 비롯하여 술로 이름을 날린 문인들이 많다. 그 중 이백(李白)은 주선(酒仙), 도연명(陶淵明)은 주성(酒聖), 소동파는 술벗(酒友), 완적(阮籍)은 술귀신(酒鬼) 등 별칭을 가졌다. 중국술은 도수가 다양하며, 일반적으로 술종류마다 38도와 56도 등 도수의 술을 제조한다.

| 여아홍

마오타이지우(茅台酒: 모태주) · 우량예(五粮液: 오량액) · 쭈예칭(竹叶青: 죽엽청) · 공부가주(孔府家酒: 콩푸쟈지우) · 소흥지방의 싸오싱지우(绍兴酒:

소흥주)와 뉘얼훙(女儿红: 여아홍) · 청도의 우싱피지우(五星啤酒: 오성맥주) · 청도맥주(青島啤酒) 등을 손꼽는다.

## 마오타이지우

마오타이지우(茅台酒: 모태주)는 중국을 대표하는 국주(國酒)이며, '바람 불면 천 개에 달하는 가구가 술에 취하게 되고, 비가 온 후 술병을 열면 십리까지 향기가 난다(風來隔壁千家醉, 雨過開瓶十里芳)'란 말처럼 이 술의 특징은 향기에 있다. 100년 전, 파나마의 세계주류박람회에서 프랑스의 포도주만 주목 받고, 중국의 마오타이지우는 주목 받지 못하자 중국측의 한 종사원이 술병을 바닥에 내던져 병을 깨뜨려 술이 흘러나오자 그 술의 향기에 취해 사람들의 주목을 받게 되었다고 한다. 이 술은 중국 귀주성(贵州省) 인회시(仁怀市) 마오타이진(茅台镇)에서만 생산된다. 모택동 · 주은래가 외국사신을 접대할 때 마셨던 술로 유명하며, 외국사신을 접대하는 장소에서는 이 술이 빠질 수 없다.

| 마오타이지우

| 공부가주

일본사람들은 선물용으로 마오타이지우를 즐겨 찾는 반면 우리나라 사람들은 공부가주(孔府家酒: 콩푸쟈지우)를 더욱 애용하는 편이다.

## 우량예

우량예(五粮液)는 5가지 곡식으로 만든 술이며 마오타이지우 못지않은 평을 받고 있고, 가격도 비슷하고, 모두 고가의 술이다.

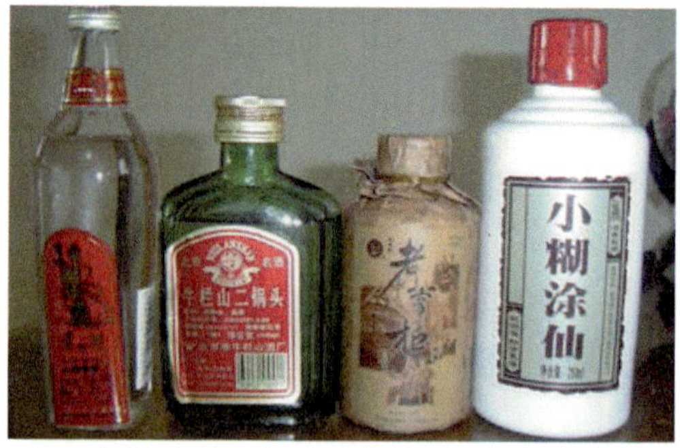


| 진지우 · 얼궈터우 · 라오장궤이 · 샤오후투시엔지우

'샤오후투시엔지우(小糊涂仙酒: 소호도선주: 멍청한 어린 신선의 술)'은 중국은 물론 외국에도 잘 알려져 있는 '천년주향(千年酒鄕: 천년의 술 고장)'인 귀주(贵州) 적수하(赤水河) 강변에서 생산되는 술이며, '라오장궤이(老掌柜: 노장거)' 역시 세계적으로 유명한 '주진(酒镇: 술 고장)'인 '모태진(茅台镇: 마오타이쩐)'에서 생산된 술로, 이 술 고장은 일찍이 명(1599년)나라 때부터 이미 양주장이 있었다. 그밖에 '얼궈터우(二锅头: 이과두)'는 북경, '진지우(津酒: 진주)'는 천진의 명주이다.

| 배가 들어 있는 술

중국인들의 술자리 예절은 음주습관이 되어 엄격하게 지켜지고 있다. 중국인들은 술잔을 돌리지 않으며, 우리와 같이 건배(乾杯: 간베이) · 술 권하기(敬酒) 등이 있는데, 술을 권하는 사람은 술을 반드시 모두 마셔야 하지만 상대방은 마셔도 되고 안 마셔도 된다.

## 차문화

차문화의 기원과 발달은 중국에서 비롯되었다. 중국의 차 역사는 신화 속의 인물인 신농씨(神農氏)에 의해, '5천년 역사설'도 있지만, 구체적인 설에 의하면, 삼국시대(三國時代) 3세기에 발견되어 약으로 마시다가 음료로 애용되었으며, 당(唐)나라에 와서 차의 가공법이 발달하기 시작했다.

중국 문명을 담은 작고 작은 나뭇잎은 무역·종교·문화교류를 통해 세계의 크고 작은 민족을 정복하였으며, 청나라의 쇠퇴를 가속화시켰다. 차의 여정은 중국문화를 널리 전하는 길이 되었고, '차 제국(茶葉帝國)의 상징'이 되어버렸다. 북방사람들은 꽃차를 즐겨 마시고, 남방사람들은 항주(杭州)의 룽징차(龙井茶: 용정차: 녹차), 우롱차(乌龙茶: 반발효차) 등을 즐긴다.

### 중국의 유명한 차

① 녹차로는 항주의 룽징차·태호(太湖)의 비뤄촌(碧螺春), ② 우롱차로는 복건성 안계(安溪)의 테관인(铁观音) 등, 다이어트 차(苗条茶·減肥茶)와 미용차(美容茶)로 불리며 여성들에게 인기가 많다. ③ 꽃차로는 재스민차(茉莉花茶: 모리화차)와 항주의 국화차(菊花茶) 등, ④ 홍차(발효

| 보이차를 담은 케이스

| 포장된 보이차

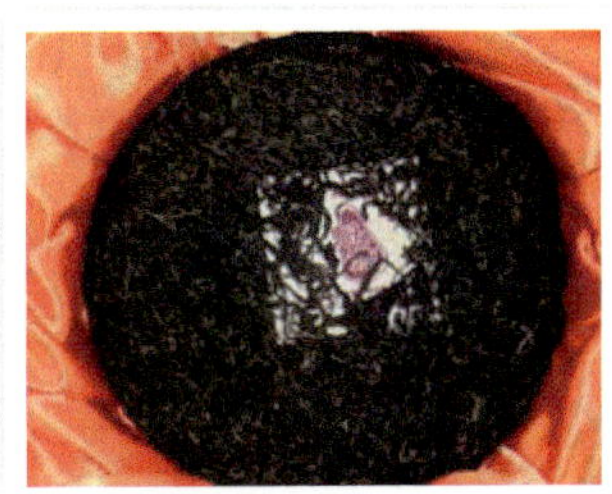

| 보이차

| 몸보신하는 꽃차

| 다기(茶口器)

| 모 대학 내 기숙사에 배치되어 있는 보온병 · 컵과 전화기

**색깔이 변하는 특기한 다기(茶器)**

다기에 그려져 있는 검은 용 그림은 다기에 따뜻한 물을 부으면 '검은 용'이 점점 '칼라 용'이 된다.

차)로는 안휘성의 치먼홍차(祁门红茶) 등, ⑤ 청나라 황제가 즐겨 마셨던 보이차(普洱茶: 푸얼차), ⑥ 대만의 아리산(阿里山) · 大禹嶺 등의 고산차(高山茶) 등이 있다. 그밖에 건강차인 팔보차(八宝茶), 분위기를 풍기는 장미꽃차(玫瑰花茶: 메이궤이화차)와 샹펜차(香片茶) 등이 있다.

강소성 의흥(宜兴)의 자사호(紫砂壶: 쯔싸후)는 '천년의 역사'가 넘는다.

| 수박

| 쓰쟈(석가)

| 훠룽궈

| 하미과

차문화의 영향인지는 모르지만 중국 사람들은 따뜻한 물을 즐겨 마시며, 한 여름에 목욕도 따뜻한 물로 한다. 그러므로 커다란 보온병은 집집마다의 필수생활용품이 되고, 따라서 중국의 보온병 품질은 매우 좋기 때문에 우리 관광객들이 선호하는 물건이기도 하다.

## 약문화

중국 약문화의 역사는 수천년으로 이루어져 풍부하며, 중국에서 가장 오래된 중약학(中藥學) 서적은 한나라의 ≪신농본초경(神農本草經)≫이고, 당나라의 ≪신수본초(新修本草)≫는 세계에서 가장 오래된 약전(药典)이며, 명나라 이시진(李時珍)의 ≪본초강목(本草綱目)≫은 16세기 이전의 약재의 모음집으로 후세 약학 발전에 공헌이 크다. 약문화에 대한 연구와 선전의 부족으로 중약(中藥) 사업에 대한 이해가 결핍되어 있지만, '중국 약의 좋음'이 우리나라에서는 잘 알려져 있다. '동인당(同仁堂: 통런탕)'은 중국 약문화의 산물이라 할 수 있다.

| 부산 상해거리의 동인당 약국

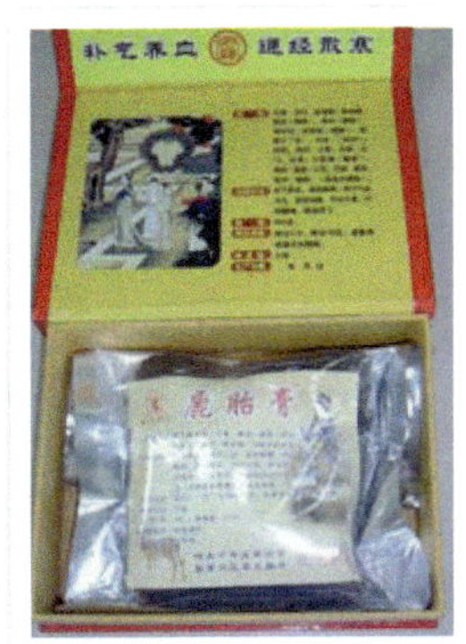
| 루타이가오(길림의 특산)

## 6-3 교통문화와 흑차(黑车: 헤처)

중국은 네덜란드 · 덴마크 등 국가와 같이 '자전거 왕국', 대만은 '오토바이 왕국'이다. 중국인들은 자전거를 일종의 '교통운동'이라 생각하며 '자전거문화'를 만들어내었고, '자전거 대국' 또는 '자전거 제국'이라고 자칭한다. 이에 걸맞게 남녀노소를 불문하고 자전거 타는 문화는 이미 오래 전 중국의 사회문화로 정착되어 오고 있다. 도시에는 거의 자전거 전용도로가 있고, 여인들의 자전거 타는 광경은 이색적인 문화풍경을 연출한다.

중국은 다양한 교통도구 제도를 실시하고 있다. 버스 · 지하철 · 택시 · 식빵차(面包车: 미엔바오츠어) · 인력삼륜차 등이 있다. 버스는 2층 버스가 있고 에어컨의 유무에 따라 요금 차이가 난다. '식빵차'는 우리의 작은 봉고차와 비슷한 차인데, 차 안 좌석은 차체 삼면으로 둘러싸여져 있고, 중앙에는 짐을 놓을 수 있는 공간이 있으며, 요금은 택시 · 버스와 달리 요금제도 아니고 사람수에 따라 요금을 받지도 않는다. 한

| 중국의 '자전거 문화'

| 대만의 '오토바이 문화'

마디로 한번 타는데 얼마로 계산하기 때문에, 여러 사람이 택시를 탈 때 또는 짐이 많을 때, 이 식빵차를 타면 저렴하기도 하고 편리하기도 하다. 중국은 토지가 넓다 보니 교통제도 역시 지역정책에 따라 다르다. 이 식빵차는 북경에는 없고 천진에서 실행하고 있는 교통제도이다. 인력삼륜차는 사람을 태우는 마차와 같은데, 말 대신 자전거, 즉 사람이 자전거에 타고, 뒤 수레에 손님을 태워 가는 차이다. 버스 1구간 거리 또는 가까운 거리일 때 보통 많이 애용하는데 요금도 절약되고 시내관광도 즐길 수 있어 일석이조(一石二鳥)인 셈이다. 천진은 2000년 초부터 인력삼륜차를 금지하였고, 북경은 '후통지에(胡同街)' 즉 '골목거리'관광에 이용되고 있다. 중국의 택시는 우리와 달리 오래 전부터 택시요금도 영수증제도를 시행해오고 있고 택시 종류에 따라 요금도 다르다. 보통 차 뒷좌석 창문에 요금을 작게 표시하고 있어 택시를 타기 이전 창문에 표시된 요금을 확인하고 타는 것이 좋다. 또한 지역마다 택시기본료가 다르다.

| 천진의 식빵차

북경과 천진 등 대도시 기차역 앞에는 비정상적인 택시 또는 가짜 택시가 많다. 때문에 역 앞의 택시를 이용하는 것을 삼가하고 횡단보도를 건너든지 역과 약간의 거리를 둔 곳에서 택시를 타는 것이 안전하다. 보통 이러한 차를 '흑차(黑车)'라고 한다. 그러나 소도시의 사람들은 순박해서 친절한 택시기사도 많다. 어떤 택시기사는 기차가 멈춘 곳까지 나와 손님들의 무거운 짐을 들고 자신의 택시까지 가는데, 추가 비용도 안 받는다. 그리고 기본료 거리라도 흔쾌히 손님을 반긴다.

중국은 차가 사람에게 양보하는 편이라 좋은 인상을 주기도 하지만, 나쁘게 말하면 차가 사람을 무서워한다는 것인데, 이처럼 사람들은 무리를 지어 다니므로, 차가 양보할 수밖에 없다. 또한 빨간신호등이라도 차가 없다고 생각하면 경찰이 있어도 사람들은 횡단보도를 걷는다. 혼자서 신호등 질서를 지킨다고 서 있으면 바보가 되는 느낌이다. 중국은 사람이 너무 너무 많다 보니 경찰도 일일이 관여하는 것을 귀찮아하고, 사람들은 마치 그러한 마음을 아는 듯하다. 2000년 초반까지는 그러했다. 그래서 나는 중국의 신호등을 '장식용 신호등'이라고도 부른다. 2008년 '북경올림픽'도 끝났다. 이제 사람들은 교통질서를 잘 지킬 것이라 생각한다.

중국은 땅이 넓어서 70시간 이상 소요되는 장거리 기차여행을 해야 하는 곳이 적지 않다. 그러므로 중국 기차는 침대칸 등 다양한 시설이 갖추어지고 있는데, 기차를 탑승한 후 기차 내에서도 표를 바꿀 수 있다. 예를 들면, 좌석에서 침대로 요금만 더 보충하면 표를 바꿀 수 있다. 이를 '부퍄오(补票: 표를 보충하다)'라고 한다. 중국과 대만의 고급기차에는 차를 제공하며, 수시로 물을 채워준다.

## 6-4 공원문화 그리고 통신문화

중국의 무술처럼 중국인들은 예부터 자신의 몸을 단련하기를 좋아하며 '과거와 현재가 공존하는 나라'임을 잘 나타내는 여러 특징 가운데 하나라고 할 수 있는 '전통무술' 연마하는 풍조가 있다. 이에 부응하여 이색적인 공원문화를 형성해오고 있다. 또한 중국에는 공원이 많을 뿐 아니라 시설 역시 잘 갖추어져 있다.

공원에는 음악의 강약에 따라 분수대의 물이 높게 또는 낮게 또는 멀리 내뿜고, 대형 TV도 갖추고 있다. 비가 와서 사람이 없던 공원 광장에 비가 멈춘지 10분도 안돼서 광장에는 인파가 몰렸다. 정말 인구가 많음을 실감하게 하였다. 공원에서 아침저녁으로 중국의 무술 · 기공 · 에어로빅을 하는 사람들을 볼 수 있으며, 어떤 공원에는 운동기구도 마련되어 있어, 공원에서 탁구 · 배드민턴 · 배구 등을 하기도 하며, 어떤 공원은 밤에는 무도회장이 되어 주민들이 사교춤을 추거나 배우기도 하는데, 조명 등 시설에 따라 입장료를 받기도 한다.

| 공원문화

중국의 국민운동으로는 무술과 탁구가 있고, 지력운동으로는 바둑 · 장기 · 마작 등이 있다.

중국의 전화카드 종류는 전국통용 · 시내통용 · 방에서 거는 카드 등 여러 종류가 있으므로 필요에 따라 구입하는 것이 저렴하다. 폰 요금은 우리나라와는 달리 쌍방이 절반의 통화요금을 부담하게 된다.

은행의 계좌개설에 있어서는 도장 없이 신분증, 외국인은 여권만 있으면 계좌개설이 되며, 돈 인출시 자동인출기가 아니라도 도장 없이 비밀번호만 누르면 돈을 찾을 수 있다. 한 계좌에 중국돈 인민폐와 달러를 함께 예금할 수 있어 편리하다. 그러나 땅이 광대하여 은행계좌의

온라인은 단지 그 지역에서만 가능하며, 타 지역으로 이동할 경우 반드시 계좌에 입금된 돈을 찾아서 가는 편이 좋다.

## 6-5 중국인의 풍속명절과 기념일 그리고 법정 공휴일

중국의 주요 전통명절은, 촌제(春节: 춘절, 설) · 쭝치우제(中秋节: 중추절, 추석) · 두안우제(端午节: 단오절) · 웬샤오제(元宵节: 원소절, 정월대보름) · 칭밍제(清明节: 청명절) · 웬단(元旦: 원단, 신정)을 들 수 있고, 주요 기념일은 5월 1일 노동절(劳动节) · 10월 1일 국경일(国庆节) 등등이 있다. 중국의 최대명절인 촌제(설)와 노동절 · 국경일은 법정공휴일이 3일이지만 보통 노동절과 10월 1일 중화인민공화국의 국경일은 7일 연휴, 촌제는 7~15일 연휴를 갖는다. 대신 다른 공휴일은 따로 없는 편이다. 중국은 땅이 큰 까닭에 한 번 쉬었다 하면 1주일이 되어야 가족들이 한 자리에 모일 수 있다. 그밖에 청년절(青年节: 5월 4일), 어린이날인 아동절[儿童节: 세계 어린이날인 6월 1일, 대만은 4월 4일 보이스카우트(童子軍)날], 스승의 날, 즉 교사절[教师节:

| 부산 화교 중 · 고등학교의 쌍십절 행사. 쌍십 · 중화민국(대만)의 국기와 손문 사진은 빠질 수 없음.

9월 10일. 1986년 조자양(赵紫阳) 총리의 주도하에 규정. 대만은 9월 28일 공자 탄생일] 등등이 있다

반면 대만은 우리와 같이 중국의 전통명절과 기념일을 법정공휴일로 지정하고 있으며, 대만의 국경일은 하루 쉬고, 노동절은 안 쉰다. 대만에서는 또 모친절(母親節, 5월의 두 번째 일요일)이 있다. 대만은 10월 10일, 1911년 무창기의(武昌起義) 성공 청나라를 멸망시킨 날을 국경일로 삼고 있고, 쌍십절(雙十節: 쐉쓰제)라고도 한다. 해외거주하고 있는 대부분 화교들은 이날을 중국의 국경일로 삼고 있다.

## 춘제(春节)

중국의 설은 음력 1월 1일, 또 '궈낸(过年)'이라고도 한다. 전날 음력 12월 31일을 '추시(除夕)'라 하여, 이날 밤은 '밤을 새며(守岁)', 온 가족이 모여 마작 · 옛날이야기 등으로 즐기고, 밤 12시가 되면, 폭죽을 터뜨린다. 그리고 '낸에판(年夜饭: 설 밥)'을 먹고, 집안 어르신들에게 세배하고 세뱃돈인 '야쉐이첸(压岁钱)'을 받는다.

| 촌롄(좌우) · 연화(중앙)

초하루 아침, 전통적으로 북방사람은 만두(更年饺子: 경낸쟈오즈)'를 먹고, 남방사람은 설떡(年糕: 낸가오)을 먹는다. 설음식은 지방마다 다른 특징이 있으나, 일반적으로 만두 · 설떡 · 팥빵(豆包: 더우바오) · 육류 · 생선류 · 전병 · 설과자 등 풍성한 음식을 만들어 놓고 설 기간에 먹는다.

| 거꾸로 되어 있는 '복(福)'자

대문 · 마당 · 방 · 부엌 · 우물 등 곳곳에 빨간색

| 초재진보(招財進寶)

| 연화(설 그림)

| 연화(설 그림)

| 관우 인물상 연화(설 그림)

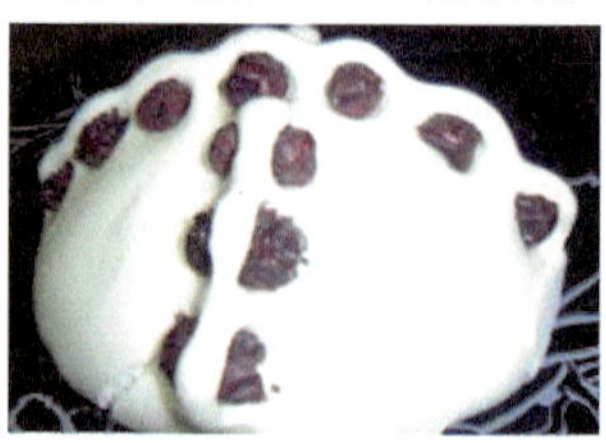

| 한국 화교들(산동, 교동지역)이 설에 먹는 빵

**신의를 지키는 관우와 관우 설 그림**

중국 사람들은 장사를 함에 있어 '신용'과 '횡재'를 결합시키는 철학과 가치관을 지니고 있다. '신용'은 곧 '횡재', '횡재'는 곧 '신용', 즉 '신용'이 있어야 '횡재'를 할 수 있다고 믿는다. 그러므로 신의로 이름 난 관우를 '신적 존재'로 여기며 숭배한다.

종이에 '평안(平安)' 또는 '횡재' 내용의 글을 쓴 촌렌(春联)을 붙이고, '福(복)'자를 써서 거꾸로 붙여 '복이 오다'의 의미를 나타낸다. 이는 '거꾸로' 의미의 한자와 '도착한다' 의미의 한자발음이 톤을 제외하면 같기 때문이다.

그밖에 횡재를 기원하기 위해 '초재진보(招財進寶)', '재물과 보물을 불러오다'와 '황금만량(黃金萬兩)', '황금 1만량' 등을 써서 붙이고 '연화(年畵)', '설 그림'을 붙인다. 연화는 다양하며, 신선의 과일, 장수의 과일인 복숭아, 옛날 금전의 개념인 웬바오(元寶: 원보), 잉어를 안고 있는 아이, 희고 긴 수염이 난 신선, 관우 등 역사인물 그림으로 이루어진다. 중국 사람들은 우리와 같이 '복'을 받기를 기원하는 것은 물론 '횡재'에 대한 소망이 매우 크다. 그러므로 설 인사말로 또 '공시파차이(恭喜發財)' '횡재를 축하합니다'라는 말을 즐겨 쓴다.

춘제의 분위기는 음력 12월이면 시작된다. 초8일 우리와 같이 동지 팥죽 '라바저우(腊八粥)'를 먹는다. 찹쌀 · 팥 · 콩 등 8가지 재료로 죽을 만든다. 23일은 '궈샤오낸(过小年)' 작은 설을 지내는데 물만두를 먹고, 부엌에 '조왕신상(灶王神像)' 부엌신의 그림을 걸고 엿으로 제사를 지낸다. 이는 부엌신이 엿을 먹고 달콤한 말로 그 집의 일을 하늘의 신에게 보고하여 복을 내린다는 믿음에서 비롯되었다.

## 쭝치우제(中秋节 : 중추절)

음력 8월 15일, 우리의 '추석' · '중추가절' · '한가위' · '가배일'이다. 단, 중국의 쭝치우제는 우리의 설과 더불어 2대 큰 명절인 추석과는 달리 명절의 중요성이 우리보다는 훨씬 덜하다. 고대 중국 제왕들은 봄에는 태양신, 가을에는 달신에게 제사를 지냈는데, 그 후 민간에서도 점차 달님을 숭배하는 풍습이 생겨났다. 당나라 때 전국적인 명절로 발전하였고, 북송(960년)부터 '쭝치우제(中秋节)'라고 명명, 명나라 민간에서는 우리의 '송편'처럼 '웨빙(月饼: 월병: 달 쿠키)'을 만들어 먹기 시작하였다. 당시 웨빙은 지금의 웨빙과는 달리 반드시 둥글고 커야 한다.

오늘날 쭝치우제의 풍습은 옛날보다 성행하지 않으며, 검소하게 이 날을 보낸다. 가족이 모여 '투안웬판(团圆饭)'을 먹고, 웨빙을 먹고 달을 감상하며, 소원을 빈다. 그러므로 '달 · 웨빙 그리고 쭝치우제'는 하나로 묶을 수 있다. 오늘날의 월병은, 반드시 보름달처럼 원형만 고집하지 않고, 원형 · 사각형 · 삼각형 등 다양한 모양의 크고 작은 웨빙이 시중에 나오고 있다.

| 웨빙(월병)

## 두안우제(端午节: 단오절)

| 쫑쯔를 강에 던지는 모습

음력 5월 5일 단오절이다. 중국 단오절에 대한 설은 1,500년 이전까지는 굴원설(屈原說)·용절설(龍節說: 용의 날)·하지설(夏至說)·악일설(惡日說: 악의 날) 등 여러 설이 있고, 지역에 따라 기념하는 역사인물이 달랐지만, 그 후, '굴원설'이 널리 오늘날까지 전해지고 있다. 굴원을 기념하고 애도하기 위해 쫑쯔(粽子)를 먹고, 용선(龍船) 놀이를 하는 풍습이 생겨났다.

굴원(기원전 340~278)은 2,300여년 전 전국시대 초나라의 충신이자 애국시인이었는데, 간신배들의 모함을 받아 오랫동안 유배생활을 하였다. 그가 강남땅을 방황하면서 그의 비통한 심정을 시로 나타내었으며, 위대한 걸작시인 '이소(離騷)'와 '어부사(漁父辭)'를 탄생시켰다.

| 용선 놀이

| 쫑쯔

기원전 278년 초나라 수도인 영(郢)이 진나라에게 함락되자, 비통한 나머지 지금의 호남성의 미뤄(汨羅)강에 투신자살했다. 이날이 바로 음력 5월 5일 이었다. 초나라 백성들은 그의 죽음을 비통해하였고 시신을 찾을 수 없게 되자, 이 날이 되면 강에서 나무로 만든 용 모양을 한 배를 저으면서 굴원에 대한 애도를 표시하고, 물고기가 굴원의 시신을 먹지 못하도록 했다. 오랜 시간이 흘러, 이 풍습은 민간스포츠로 발전하여 징과 북소리 속에서 경주를 하며, 물고기들을 쫓고, 또 대나무 잎에 찹쌀·팥·대추·고기류·야채류 등 각종 재료를 지역마다 입맛대로 넣어서 '쫑쯔'를 만들어 먹고, 또한 굴원의 시신을 물고기들로부터 보호하기 위하여 쫑쯔

를 강에 던져 물고기밥으로 사용한다. 중국인에게는 단오절은 또 '죄악을 씻는 날'이 되었고, 추석과 더불어 중요한 명절이 되었다. 쫑쯔는 지금 민간음식이 되어 언제나 먹을 수 있다. 이 날이 되면 중국·대만·홍콩 및 해외에 거주하는 중국인들은 집에서 쫑쯔를 직접 만들어 먹기도 한다.

그러나 중국의 또 다른 두안우제의 풍습을 보면, 음력 5월 5일은 하지(夏至)로 질병이 발생하는 계절이므로, 우리의 풍습과 비슷한데, 대문 앞에 창포와 쑥을 걸어 놓고, 아이들은 '샹바오' 향료주머니를 달고, 어른들은 '황지우' 황주를 마시며, 질병을 예방하는 풍습도 있다. 그러므로 이 날의 기원 또는 원 의미는 액땜하고, 건강을 지키기 위함에 있다고 할 수 있다. 그러므로 나는 이 날을 또 '건강장수의 날'로 부르고 싶다.

### 웬샤오제(元宵节)

또 '등제(灯节: 등절)'이라고 하며, 음력 1월 15일 우리의 정월대보름이다. 이 날은 저녁 때 용등·금수 등·역사인물 등 많은 종류의 등불축제 등회(灯会)가 열리는데, 1세기 한나라 때부터 시작되었다. 이 날의 음식으로는 깨와 설탕 소를 넣은 동그란 찹쌀떡 '웬샤오(元宵)'를 먹는다. 중화민국 제1대 총통이 된 원세개(袁世凱)는 다시 황제가 되려고 했는데, 당시 북경 노점 상인들은 '웬샤오'를 외칠 때 '웬샤오(袁消)', 즉 '원세개가 소멸된다'로 그를 비꼬았다. 원세개가 이 일을 알고 '웬샤오'를 '탕웬(汤圆: 탕원)'으로 부르기를 명했다. 하얼빈 등 동북지역에서는 추운 날의 얼음을 이용한 '빙덩제

| 탕웬

(冰灯节: 얼음 등 축제)'가 유행이다.

이 날은 또 '용춤(龍舞)'과 '사자춤(獅子舞)' 공연을 하기도 하는데, 중국 축제의 날에 빠지지 않는 공연이기도 하다. 요즈음은 공원이나 거리에서도 등회축제가 열린다.

### 칭밍제(清明节: 청명절)

양력 4월 5일 전후로, 중국의 성묘일이기도 하고, 하루 이틀 전은 중국의 '한쓰제(寒食節: 한식절)'이다. 그러므로 3일 동안은 중국인들의 '금

| 사자춤 (부산화교 중 · 고등학교 학생들의 공연)

| 용춤 (부산화교 중 · 고등학교 학생들의 공연)

| 길거리 등회 축제

화한식(禁火寒食)', 불을 안 쓰고 찬 음식을 먹고, 성묘하고, 연날리기 놀이를 하는 날이다. 한식절과 청명절의 유래는 춘추전국시대에 진헌공(晉獻公)의 아들 중이(重耳)가 계모의 박해를 피해 개자추(介子推) 등 신하와 위(魏)나라로 피신해 있으면서 식량이 없어 절망해 있을 때, 개자추는 자신의 넓적다리 살을 베어 산토끼 고기라고 속여 중이에게 구워 먹였다. 19년 후, 중이는 진나라 왕이 되었는데, 바로 진문공(晉文公)이다. 그는 공신들에게 공덕에 따라 상을 내렸으나, 개자추의 은공은 잊은 채, 소홀히 대했다. 진문공이 개자추에게 높은 벼슬을 내리려고 할 때는, 그는 이미 홀어머니와 면산(綿山)으로 숨은 이후였다. 왕은 그를 찾지 못하자 개자추가 효자임을 알고, 불을 지르면 어머니를 모시고 나올 것이라고 생각하고 명을 내려 산에 불을 질렀다. 산은 3박3일 동안 계속 탔으나, 개자추는 끝내 나오지 않았고, 홀어머니와 버드나무 밑에서 타죽고 말았다. 개자추가 남긴 옷자락에는 한 편의 혈서가 있었는데, 마지막 구절에는 정치를 맑고 깨끗하게 하기를 바라는 뜻에서 '청명(淸明)'을 강조했다. 진문공은 감동해서 통곡을 했고, 면산을 '개산(介山)'이라 칭하고 사당을 세워 그를 기념했으며, 이 날을 '한식절(寒食節)'로 정하고, 불을 금하고 찬 음식을 먹게 했다.

한식날에 비가 오면 그 해는 풍년이 든다는 속담이 있는데, 이 속담이 정말 현실로 이루어지는지 관찰해보는 것도 재미있을 것 같다.

## 6-6 중국어 · 숫자 · 음식에 의한 관습

중국 사람들은 8 · 6 · 9 등 숫자를 좋아한다. '8(八)' 발음이 '횡재하다'의 '發'과 유사하고, '6(六)' 발음은 '순조롭다'의 '流', 가장 완벽한 숫자 · 황제의 숫자인 '9(九)' 발음은 '久'와 같기 때문이다. '나는 횡재한다', '我要發'란 뜻을 나타내는 '518(五一八)', '66(六六)' 등 숫자는 중요한 숫자 자동차번호 · 전화번호 등에 앞다투어 사용하려고 한다.

싫어하는 숫자는 4 · 7인데, 이는 4(四)는 죽을 사(死), 7(七)은 '화가 나다'인 '氣' 발음과 비슷하기 때문이다. 그러므로 14(一四) 또는 214(二一四) 등은 모두 '죽으려고 하다'인 '要死', 74(七四)는 '화나서 죽겠다'인 '氣死'와 발음이 비슷하여 싫어하는 숫자가 되었다. 공자가 73세, 맹자가 84세에 죽었고, 중국의 유명한 판관 포청천이 45세에 사건해결을 위하여 거짓으로 죽었기 때문에, 73 · 84 · 45 등 숫자도 싫어한다. 250(二百五) · 13시(十三點) 등은 '바보'라는 뜻에서 싫어한다. 그러므로 중국에는 건물 층수에서 13층 가격이 약간 떨어진다.

과일에 있어서는 복숭아는 장수를 상징하고, 사과(苹果)의 '苹'은 평안(平安)할 '平'과 비슷하여 선물로 좋은 의미를 갖는다. 병문안에 사용되는 과일 개수는 짝수보다는 홀수가 좋다. 그 것은 이번으로 병이 '완쾌한다'는 뜻이 담겨 있기 때문이다.

## 6-7 과거의 성(性)문화, 전족(纏足)

'전족(纏足)'은 '발을 묶다'라는 뜻이며, 옛 중국 여성들에게 가해진 악습이다. 발을 어릴 때부터 비단 또는 천으로 묶어 발이 자라지 못하도록 하였고, 발이 작으면 작을수록 '미인'이라 하였다. 전족의 유래는 여러 설이 있는데, 전족을 하게 되면 허리가 가늘고 둔부가 비대해지는데, 당시 '미인상'의 기준이었다는 설, 또는 이러한 신체조건으로는 아장아장 걸을 수밖에 없는데, 전족으로 걷거나 춤을 추는 모습이 당시에는 예쁘게 평가되었다는 설, 그리고 여자들이 도망치지 못하게 하기 위한 설 등 분분하다. 전족은 오대(五代)에 시작되어, 왕의 귀빈에게 전족을 시켰고, 송대에 이르러서는 귀족부녀자들에게 확대되었으며, 민간 부녀자들에게도 영향을 미쳤다. 전족을 한 할머니는 1980년대까지도 간혹 찾아볼 수 있었다.

| 전족을 한 두 여자 아이

| 전족을 한 한족과 만주족 부인들

3장

# 지금의 중국 사회를 이해하기 위한 심층지식

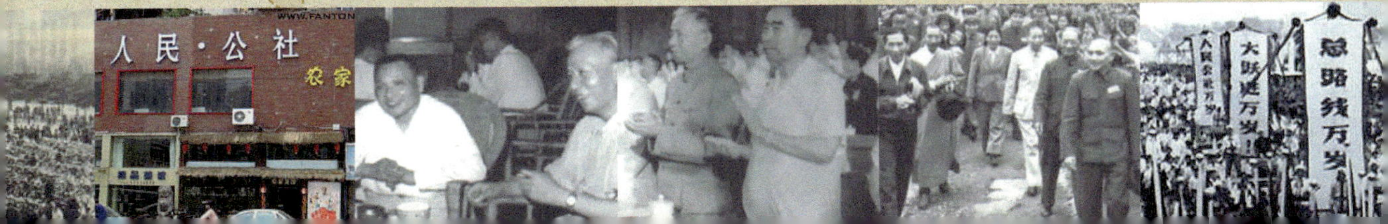

# 1. 무모한 대약진운동(大跃进运动)과 인민공사(人民公社)

1950년 중국공산당은, '토지개혁법' 발표와 동시에 농촌 지주의 토지를 몰수 농민들에게 분배하여 중국의 전통 지주제를 타파하였고, 국가기구 · 사회조직 · 언론매체 · 물질자원 등 모든 것을 장악하였다. 1957년까지 실시되었던 1차 경제개발 '5년 계획'은, 소련의 도움으로 농공업은 연평균 11.9%(농업: 연 4.5%, 공업 연 18%), 경공업은 연 12.9%, 중공업은 연 25.4% 등 비약적인 발전을 거듭하여 성공적으로 마치게 되었다.

중국공산당은 자신감에 부풀어 있었고, 그 이후 소련의 기술과 자금 등 경제적인 지원을 받지 못하고, 중국과 소련간의 이념대립도 점차 심화되어, 소련은 중국에 파견된 인력과 원조를 완전히 중단시켰다. 1958년 중국은, '사회주의 건설'을 '총노선'으로 삼고, 사회주의 건설속도를 가속화하는 '대약진운동', '공산주의 사회로의 진입'을 위한 '인민공사' 조직 등 '삼면홍기(三面红旗: 3개의 붉은 깃발)운동'[18]을 추진하였다. 즉, 풍부한 인력자원과 물질자원을 바탕으로 군중운동을 조직화하여 중국의 농업과 공업을 단기간 내에 발전시켜, 15년 내에 영국과 미국을 따

---

18 … 사회주의건설총노선(社会主义建设总路线) · 농공업생산대약진(农工业生产大跃进) · 인민공사(人民公社).

라잡는다는 전략이다. 아울러 농촌에 '인민공사'를 건립하여 사회주의 건설을 한층 가속화시킨다는 전략이다.

| 대약진운동의 삼면홍기

| 인민공사 답사

| 공동급식(큰 솥밥을 먹다.吃大锅饭)

## 인민공사(노동단위)

'인민공사'[19]의 특징은 한 농촌 단위로 모든 방면, 즉 공동식당, 탁아소, 학교, 공동주택 등 가사노동의 일원화 및 생활의 집단화를 시도·추구하였고, 노동력을 집단화하였다. 그러나 농촌사회의 전통적 가족제도인 가정이 해체되는 일이라 조직원들의 생산의욕과 경쟁의식을 저하시켰다. 그밖에 인민공사가 추진되는 동안 공동생산과 공동식사가 추진되어 공동식당에서의 무료급식으로 인해 식량이 지나치게 낭비되었다.

## 대약진운동

대약진운동은 특히 중공업 위주의 발전전략을 우선 세워 철강생산

19 … 소위 '인민공사'란 명칭은, 원래 하남성의 한 마을에서 '七里营 人民公社(칠리영 인민공사)'라는 표어를 붙여 놓았는데, 1958년 모택동이 이곳을 시찰하는 중 착안되어, 전국적으로 인민공사 설립운동이 전개되었다.

을 추진하였다. 그러나 이 운동은 또 중국사회 전반에 걸쳐 '높은 목표와 과도한 생산목표'·'맹목적 지휘' 등 현상을 초래하게 되었다. 때문에 지방간부들은 실제 생산량보다 훨씬 높은 생산량 달성 성과를 중앙에 보고하였고, 과장된 성과보고에 의해 중앙지도자들은 더욱 높고 과중한 생산목표량을 지시하였다. 과중한 할당량을 채우기 위하여 농민을 모두 제강운동에 동원하였고, 무분별하게 생태계를 파괴하여 흉년까지 이어지자, 1959년부터 실제 농업생산은 크게 감소되었으며, 물자공급 부족이 심각해지면서 '대기근'을 초래하였으며, 굶어 죽은 사람만 해도 1,000만 명이 넘는다. 이와 같이 대약진운동은 사실상 실패했음에도 불구하고 지방간부들의 허위보고는 멈추지 않았고, 중앙지도자들의 눈과 귀를 막았다.

| 인민공사 시골밥상(인민공사대식당)

모택동의 이상은 결국 농촌경제와 개인생활에 대한 피폐로 인해 농민과 노동자들의 거센 반발과 비판을 받았고, 1959년 모택동과 중국공산당은 대약진운동의 실패를 공식적으로 인정하고 종결하였다.

# 2. 문화대혁명(文化大革命:문혁)의 발단 · 전개와 종결(1966년~1975년)

## -정치적 음모-

### 문혁의 발단

문혁의 발단은 대약진운동 실패의 수습과정에서 온건파(유소기 · 등소평)와 강경파 간의 갈등대립에서 비롯되었다고 할 수 있다.

대약진운동의 실패로 인해 중국공산당 지도층 내부에서는 책임 소재를 추궁하기 시작하였으며, 팽덕회(彭德怀: 펑더화이)는 모택동을 비판하다가 해임되었다. 그러나 대약진 여파로 국민들의 경제가 악화되므로 팽덕회의 주장이 재평가되어 모택동은 국가주석직 등 권력 일선에서 물러나 권력 이선에서 외교정책과 관련된 일에만 참여하게 되었다. 1959년 행정실무에 능력이 뛰어난 유소기(刘少奇: 류싸오치) 그리고 경영감각이 탁월하고 '작은 거인 오뚝이'[20]라고 불리는 등소평(邓小平: 덩샤오핑) 등 지도자를 중심으로 농촌경제 되살리기에 매진한 끝에 경제는 급속도로 회복되었지만, 한편 모택동은 이러한 일련의 경제성과에 대하여 자본주의 · 사유재산제와 연관시켜 생각을 했고, 1962년 중국공산당 지도자 7천여 명이 모인 '7천인대회'에서 유소기는 대약진이 초래한 '대기근 사태'의 30%는 천재(天災), 70%는 인재(人災)라고 지적했

20 … 不倒翁(부다오옹) : 오뚝이

| 유소기와 모택동(1949년)

| 1952년의 등소평

| 등소평과 유소기(1958년)

| 등소평과 주은래(1963년)

| 등소평 · 모택동 · 유소기 · 주은래

| 등소평 · 주은래 · 유소기 · 곽말약(郭沫若) (1960년)

다. 그러므로 모택동은 중국에서도 제2의 흐루시초프[21]가 나올 것을 우려하였고, 모택동은 '대약진운동' 시기 보수 관료주의를 타도하고 인민을 지킨 명나라 관리였던 '해서(海瑞)[22] 이야기'를 써 줄 것을 북경 부시장인 오함(吴晗: 우한)에게 부탁하였다. 그러나 모택동의 부인인 강청(江青: 장칭)은 해서는 모택동에게 숙청된 팽덕회를 비유하여 해석될 수도 있다는 문제점을 내세우면서 지속적으로 설득을 하였다. 한편, 국내정세가 모택동에게 유리한 조짐을 보인 것 같지만, 이러한 조짐은 사실 모택동을 복권시키려 한 강청 등의 조작이었다. 즉, 1965년 인민일보에서 발표한 '신편 역사극 해서파관을 평론한다(评新编历史剧海瑞罢官)'라는 논평에서 명나라 황제가 파면시킨 해서를 팽덕회, 명 황제를 모택동으로 비유, 억지해석으로 비판의 내용을 실고 있다.

이 조작은 결국 성공하여 강청은 정치에 입문할 발판을 마련하였고,

---

21 … 소련의 흐루시초프는 이미 사망하고 없는 스탈린 사상을 비판

22 … 명나라 관리 해서가 부패한 관리를 몰아내고 재물을 농민들에게 돌려주는 고사임. 후에 '해서파관(海瑞罢官)'으로 개명되어 1961년 경극화하여 많은 호응을 받았다.

그 후, 그녀를 중심으로 한 '사인방(四人帮)'은 당 내부 권력의 핵심 인물이 되었으며, '문혁'을 주도해 나갔다. 모택동과 그의 추종자인 임표(林彪: 린뱌오)는 유소기와 등소평을 '주자파(走資派: 자본주의 노선을 걷는 파벌)'로 공격할 기반을 마련하게 되어, 당원교육 · 당 조직 정돈 · 당 기풍 쇄신인 '삼풍정돈(三风整顿: '정풍운동'이라고도 함)'을 추진하였으며, 임표는 '모주석어록(毛主席语录: 모택동 주석의 말씀)'을 제작하여 군대를 장악하고 '모택동 사상'을 교육시켰다.

| 강청과 모택동

| 모택동과 임표

## 문혁의 전개와 종결

문혁의 전개는 강청이 1966년 공산당중앙위원회 명의로 발표한 반사회주의 부르주아 계급과 이들을 추종하는 실권파에 대한 비판 내용을 담은 '5.16 통지문'에서 비롯되었다. 당초 당내실권자들은 그 음모를 알아차리지 못한 사이, '5.16 통지문'의 여파는 일파만파로 강청 일파의 계획대로 진행되었다. 북경대학의 '당권파(黨權派)'에 대한 비방 내용을 다룬 대자보 게시는 곧 문혁의 도화선이 되었다. 대학생들은 학내 교장 · 당위원회와 북경 시위원회를 반당, 반사회주의라고 비판했으며, 곧이어 모택동도 이 대자보를 지지하는 사설을 발표하였다. 그 후 각 학교와 단체에서도 대자보가 연이어 게시되어 각급 위원 비판대회가 열리고, 여론을 들끓게 하였다. 모택동은 사태가 무르익었다고 생각하여 천안문광장에 있는 인민대회당 앞에 '사령부를 폭파하다(砲打司令部)'란 글을 게시하였고, 당내 여론도 모택동에게 기울었다.

**팽덕회와 한국전쟁**

한국전쟁은 '6 · 25전쟁'을 말하는데, 이 전쟁에 참여 하여 UN군과 밀고 당기는 전쟁을 치룬 중공군, 이 중공군을 이끈 수장이 바로 팽덕회이다.

당시 청화대학(清华大学) 부속 중학교에서 부모님 세대의 '홍군(红军)'을 모방한 '홍위병(红卫兵)'이 처음으로 결성되었고, 자처해서 모택동을 지지하였고, 중국 전지역의 중 · 고등학교에 전염병처럼 퍼져나갔으며, 모택동은 홍위병을 통해 실권을 쥘 수 있었다. 홍위병들은 빨간 완장을 차고 '조반(造反)정신', '반란을 일으키는 정신'을 호소하였으며, 4대 구시대적인 요소 전통이념 · 문화 · 풍습 · 관습에 대한 '타파운동'은 전국적으로 퍼져 나갔다. 지주 · 배우 · 대학교수 · 선생 등 부르주아 계층의 사람들에게 비판과 구타와 죽음이라는 반인륜적인 행위가 가해졌으며, 학생들로 구성되어진 홍위병에게는 제재가 없었고, 혁명이라는 미명 아래 정당화되어졌다. 공자의 묘와 문화재를 서슴지 않고 훼손하였고, 불상 · 외국의 음식과 옷 등 외국문화를 파괴하였다. 홍위병의 도움으로 모택동은 반대파인 유소기와 등소평을 숙청시키고 1969년 4월 인민대회에서 다시 권좌에 올랐다.

| 팽덕회

| 홍위병

1976년 9월 모택동이 사망하고 '사인방'이 숙청되므로 '문혁'은 종결되었다. 사인방은 1976년 1월, 핵심 지도자이면서 등소평의 후원자이었던 주은래의 추도를 방해하고 언론을 통제하였으며, 3월에는 문회보 1면에 주자파를 거론하면서 그들을 음해하는 글이 실리기까지 하였으나, 민심은 이미 사인방으로부터 돌아섰다. 기사 보도 3일 후, 남경대학

(南京大学: 난징따쉐) 교수와 학생들의 주은래 추모행렬이 있었고, 그 다음날 많은 사람들이 시위를 벌였고, 성묘의 날인 청명절을 앞두고 그에 대한 추도는 사인방을 타도하자는 목소리와 더불어 일파만파로 퍼져나갔다. 북경 천안문광장에 놓인 주은래의 추도 화환을 공안이 수거해 갔고, 이튿날 유혈사태가 일어났다. 화국봉(华国锋: 화궈펑)은 사인방에게 모택동의 유언을 날조하고, 국정을 어지럽히고 정권에 대한 쿠데타 등 죄명을 적용시켜 사인방을 체포하였다. 강청은 1991년 옥에서 자살하였고, 왕홍원(王洪元: 왕훙웬)은 1992년 옥에서 병사, 장춘교(张春桥: 짱춘챠오)와 요문원(姚文元: 야오원웬)은 2005년 병사하였다.

# 3. '지금의 중국'을 탄생시킨 등소평의 개혁·개방정책

**중국에 있어 중요한 한 해, 1979년**

1979년은 중국이 개혁개방 정책을 통해 경제개발을 한 해이자, 미국과 수교한 해이다.

**중국 국가주석의 과거와 현재**

국가주석은 우리의 대통령이지만, 과거의 중국은 국가주석이 1인 체제가 아닌 여러 지도자 중심으로 국가를 운영했다. 그러나, 지금 시진핑 국가주석 체제에서의 국가주석은 1인체제이다.

등소평의 든든한 보호자 주은래는 사망하였으나, 주은래를 대신한 화국봉은 중국 경제의 재건 등 정책상 필요에 의하여 1977년 7월 등소평의 복권을 공식적으로 결정하였다. 등소평은 단지 화국봉을 보좌하고 있었지만, 그는 사회주의 국가에서도 경제개발을 할 수 있다는 주장을 하였고, 그가 추구하는 중국의 경제건설은, '현실적인 실용주의 노선', 즉 모택동을 부정하지 않는 선에서의 개혁개방 '중국식 사회주의 현대화노선'을 실현하려고 하였고, 모택동의 혁명과 과업을 신봉, 모택동 사상을 추구하려는 화국봉의 경제건설 노선과는 상이한 차이를 보였다. 등소평과 화국봉의 이념갈등은 이데올로기 논쟁에 이르게 하였고, 결국 등소평은 일부 간부와 군의 지지를 받았고, 1978년 11기 3중 전회에서 실용주의에 바탕을 둔 등소평의 개혁정책의 실시가 결정되었다. 입지를 확실하게 다진 등소평은, 1979년부터 대내적으로는 개혁, 대외적으로는 개방정책을 동시에 추진하는 등 일련의 중국 경제건설을 위한 문호개방정책을 펼쳤다.

| 강택민과 등소평

대내적으로는 '중국의 4대(농 · 공 · 국방 · 과학기술) 현대화'를 실천하였으며, 대외적으로는 1980년에 홍콩과 인접한 남쪽지역인 광동의 선전(深圳) · 주하이(珠海) · 싼터우(汕头), 복건의 샤먼(厦门)을 우선 경제특구로 설치하여 문호개방을 한 후, 내륙으로 확산해 나가는 점진적 경제발전 모델을 구상 · 추진하였다. 이것이 바로 등소평의 '선부론(先富论)' 정책이다. 광활한 중국 전체를 동시에 균형발전하기에는 위험부담을 고려하지 않을 수 없었을 것이다. 그러므로 먼저 모범케이스가 필요했던 것이다. 이들 지역에 이어 1984년에는 해남도(海南岛: 하이난따오) · 상해(上海: 상하이) · 천진(天津: 텐진) · 요령성의 대련(大连: 따렌) · 하북성의 진황도(秦皇岛: 친황다오), 산동성의 연태(烟台: 옌타이) · 청도(青岛: 칭다오) · 강소성의 연운항(连云港: 렌윈강), 남통(南通: 난통) · 절강성의 녕파(宁波: 닝보) · 온주(温州: 원저우) · 복건성의 복주(福州: 푸저우) · 광동성의 광주(广州: 광저우) · 광서성의 북해(北海: 베하이) 등 연해지방 도시를 선정 개발하였다.

등소평의 이러한 일련의 개혁 · 개방정책의 실현은, 마치 잠에서 깨어난 사자처럼, 30년이 지난 오늘날 1인당 GDP 규모는 개혁 이전보다 50배 이상 증가하였으며, 세계가 주목하는 경제대국으로 부상하여 지금 세계무대의 주인공이 되었다. 13억 인구의 기본 의식주가 해결되는 단계를 넘어 중산층이 증가하는 단계에 도달하였다. 중국의 부자는 우리의 부자와 비교할 수 없이 돈이 많고 재벌도 많다. 상류층 사회의 인구는 총인구의 약 4%만을 차지하지만 그 수는 우리 인구수와 막 먹는다.

지금 중국의 대다수 도시는 이미 발전되어 화려하고 특색 있는 고층건축물로 장식되어 현대화 도시의 면모를 갖추고 있다. 도시와 농촌간의 이원화한 발전정책에도 불구하고, 개혁 이전 전체인구의 70% 이상

**중국의 국가운영 모델**
현재 중국의 국가운영 모델은 '중국식 사회주의 현대화'이다.
즉 정치: 사회주의 노선(중국 공산당)
정치이외: 자본주의 노선

| 1939년 세 번째 부인인 탁임(卓琳)과 결혼한 등소평

| 1951년의 등소평

| 1958년의 등소평

을 차지했던 농촌은, 개혁 15년 후에는 의식주 문제가 해결되기 시작하였다. 식량문제의 해결은 중국 역사상 처음이라 가히 말 할 수 있으며, 세계에서 인구가 가장 많다는 점과 그 동안의 역경을 고려할 때, 15년 개혁을 통한 식량문제의 해결은 일종의 혁명인 것이다.

**등소평의 세 부인**

등소평의 3명의 부인은 등소평과 혁명을 함께한 여동지였다. 첫째 부인은 1930년 출산하다가 사망, 1931년 결혼한 두 번째 부인은 병으로 모스코바에서 치료를 받던 중 사망하였다. 세 번째 부인은 1939년 결혼한 후, 등소평과 생애를 함께 하였고, 1997년 등소평의 서거를 옆에서 지켰다.

**등소평의 별명**

작은 오뚜기, 작은 거인

# 4. 천안문사태 (1989년)

짧은 시간에 거대한 중국을 세계무대에 오르게 한 개혁 · 개방정책은 급속도로 성장하고 발전하는 가운데 다른 한편에서는 개혁 10년을 전후로 적지 않는 문제가 야기되었다. 그러므로 '월급을 모두 소비하는 족'인 '웨광주(月光族)' · '열심히 바쁘게 일해도 비곤한 족'인 '츙망주(穷忙族)' · '신흥 빈곤족'인 '신핀주(新贫族)' 등 유행어도 생겨났다. 어느 이에게는 도전의 기회가 되었지만, 어느 이에게는 소외계층으로 전락하는 계기가 되어 철밥통마저 잃어버리는 상황을 초래하는 등, 중국도 자본주의가 갖는 병폐를 피해 갈 수는 없었다. 중국사회는 '정(静: 고요함)'에서 '동(動: 움직임)'으로, '금전 지상주의'에 빠져들었다. 이 가운데 경제특구와 기타 지역, 도시와 농촌, 동부 · 중부 · 서부 등간의 불균형한 개발은 지역간, 도시 농촌간의 경제적 격차는 비개발지역의 국민들에게는 개발지역 국민들은 선택받은 자로 위압감을 들게 했다. 이는 중국의 현실을 반영 선택할 수밖에 없었던 '선부론(先富论)' 정책이 가져다 준 개혁 · 개방 초기의 후유증이라 할 수 있다.

특권계층과 일부 당관료들은 권력을 이용하여 '부'를 축적하였다. 또한 경제특구의 경제건설정책은 물가상승을 주도하게 되었고, 개혁 이

**세계지식 알아두기**

1980년대, 소련의 붕괴와 러시아의 탄생, 고르바초프의 개혁개방정책으로 세계의 냉전체계는 붕괴되었고, 이념의 벽이 허물어졌다. 헝가리 · 체코 · 폴란드 등 사회주의 국가들이 민주주의 국가인 자본주의 국가로 전환되었다.

전의 계획성 경제는 자본체계 경제로 전화되면서 가격자율화가 본격적으로 추진되었고, 1988년 물가는 18~60%까지 치솟아, 경제는 불안하고 위태로운 상태에 빠져들었다. 이러한 정치 · 경제 · 사회 문제는 대중들의 중국 정부에 대한 불신과 실망, 그리고 1986년부터 동구권 공산국가의 몰락과 소련의 개혁정책은 중국의 정치민주화에 대해 열망하게 하였고 자극을 주었다. 당시 당서기였던 호요방(胡耀邦: 후야오방)은 정치민주화를 통한 정치개혁이 필요하다고 여겼고, 호요방을 후계자로 지목했던 등소평은 서구적인 정치민주화 주장에 반대, 1987년 그를 해임시켰다. 당총서기직에서 실각한 호요방의 후임으로 조자양(赵紫阳: 짜오쯔양)이 부임되었으나, 그의 정치성향 역시 호요방과 크게 다르지 않았고, 보수파인 이붕(李鹏: 리펑)과 대립 양상을 띠었다.

| 조자양(왼쪽 첫 번째 인물)

| 이붕

| 임표 · 주은래 · 모택동 · 등소평(1971년)

| 호요방

| 호요방과 후진타오

1979년 위경생(魏京生: 웨이징썽)이라고 하는 한 청년은 정치민주화

를 외치다가 공권력으로 15년형을 받았다. 당시 위경생을 비롯한 정치범에 대한 석방시위가 있는 가운데, 1989년 4월 15일 호요방의 사망은 민심을 들끓게 하여, 18일 천안문광장에 모여든 시위대 수는 5만여 명으로 급증하였고, 20일 불법시위로 판단하고 해산을 요구한 정부의 경고에도 불구하고 22일 추도대회 때는 20여만 명이 천안문광장에 모여 들었고, 추모식이 끝난 후에는 24일 베이징 전 대학이 동맹휴업을 하였으며, 5월 4일 '70주년 5 · 4운동' 기념일을 기점으로 이 시위 즉, '천안문사태'는 전국으로 확산되었다.

| 호요방의 추모식

| 천안문사태의 시위대

조자양은 이붕 중심의 보수파와 그를 후계자로 지목하였던 등소평에게 밀려 19일 새벽 천안문광장에 모습을 드러내어 정부와의 타협을 호소하였으며, 이튿날 해임과 동시에 가택연금되었다. 20일 이붕은 북경에 계엄령을 선포, 시내에 계엄군을 투입시켰다. 그러자 백만이 넘은 대중들은 거리로 나와 이붕의 탄핵을 외쳤다. 31일 탱크와 장갑차가 동원 배치되었고, 6월 3일 천안문광장을 포위하고 유혈진압사태 '천안문사태'가 발생되었다. 이듬 해 7월 정부 발표에 의하면, 학생 등 민간인 875명 사망, 14,550명 부상, 군인 56명 사망, 7,525명이 부상하였다. 천안문사태의 시위대는 합법적 대표자가 없었고, 시위대 사이에는 다툼이 잦았다.

| 시위자들의 자전거

천안문사태 이후, 중국 정부는 정치민주화 데모는 일절 용납하지 않고 원천 차단시켰다. 등소평은 모든 요직에서 물러났으며 1997년 2월에 사망하였다.

4장

# 사회정책과 사회현상

# 1. 공자를 다시 찾은 중국

13억이 훨씬 넘은 중국민족이 한 가족으로 결합할 수 있었던 까닭은, 찬란한 5천년 역사의 지속과 굳세고 곧은 민족의 도덕성에서 찾을 수 있다고 중국인들은 스스로 말한다. 청나라 말경 서구열강 앞에 무기력하게 무너진 중국은, 농업사회에서 중요시하는 사람됨됨이에만 만족할 수 있는 시기가 아니었다. 따라서 서방국가의 기술문화는 도입하되, 원칙적으로는 중국의 고유문화를 보전해 나갔다. 그러나 파도처럼 밀려오는 서구열강 앞에서는 이빨 빠진 호랑이에 불과했다.

아편전쟁(1840년)이 후, 중국은 서방제국주의들의 공통 식민지와 불평등조약 등 속박 속에서 일련의 역사적 시련에 이어, 1919년 1월 제1차 세계대전 후에 개최된 파리강화회의에서 미국 · 영국 · 프랑스 · 일본 등은 중국 산동성에 대한 권익을 독일에서 일본으로 양도하는 조항을 포함한 21개 조항을 통과시켰다. 5월 4일 북경대학 학생들을 중심으로 천안문광장에서 이에 대한 무효를 주장하는 시위가 일어났고, 많은 학생들이 연행되었지만 학생운동은 오히려 일파만파 전국 각지로 퍼져나가면서, 중국 정부는 전국적인 '삼파(三罷)' 투쟁사태에 직면하게 되었다. 학생들의 동맹휴학, 노동자 파업과 상인들의 상점철시 등 학생 · 지식인 · 노동자 · 상인이 모두 참여한 대중운동의 성격을 띠었고, 이 운동은 '5 · 4운동(五四运动)'으로 불리며, 5월 4일은 중국의 '청년절'이 되었다. 5 · 4운동은 문화 · 정신 · 윤리 등 각 방면의 혁명을 전개로, '신중국의 건설'을 요구하였으며, 주권국가의 권익을 지키려는 중국의 자주운동이었으며, 중국 최초의 근대적 국민의 각성이었다. 한 달하고 일주일 만에 정부는 국민들의 요구를 수용하였다.

5 · 4운동의 한편에서는 일부 지식분자들은, 빈약한 국세와 반식민지적인 국난은 모두 중국 고유의 전통문화에서 비롯되었으며, 중국문화는 옳은 곳이 하나도 없다는 등 중국의 전통문화를 무정하게 비방했다. 그리고 전통문화와는 단호하게 관계를 끊으려고 했다. 중국인이 중요시하는 소위 '도통(道統)'이라함은 곧 중국 유교의 도덕적 전통을 말한다. 이 도통은 요황제(堯皇帝)에서 공자(孔子)에 이르러 형성되었다. 그러므로 전통문화에 대한 비판은 곧 '공자 비방'과 '한자 폐지론'에 이르렀다.

| 공묘대성전

중국인이 세계에서 가장 우월하다고 믿어 온 중국 전통문화에 대해 무자비한 비판의 시작은 1919년 5 · 4운동 기간이다. 5 · 4에 이어 1966년에서 1975년 10년 간 강청 등이 일으킨 문화대혁명에서는 '공자 비판' 등 중국 전통문화는 2차적으로 비판 · 파괴되었다. 이 10년은 중국문화역사상 가장 어두웠던 시기라고 말 할 수 있다. 이때는 공자는

| 문혁 때 파괴된 흔적

또다시 없어져야 하는 존재이었다. 한 마디로 윤리의식의 존재는 어디에서도 찾아 볼 수 없었다. 이러한 전통문화의 타도는 결국 중국대륙의 각 항목의 건설사업을 30년 정체시켰다. 공자묘의 두 동강이 난 비석을 접착시킨 흔적이 바로 비참했던 문혁을 말해주고 있다.

대륙의 문혁 기간 중, 대만에서는 중국전통문화의 부흥을 외치며 많은 공헌을 하였다. 그 후 대륙에서도 소수 집권자들은 문혁을 중세유럽보다도 더욱 어두운 시대이었음을 인정하고, 전통문화 회복에 노력해 오고 있다. 공자도 다시 찾았으며, 2005년 2,556주년 공자 탄신일에는 중국 전역에서 공자탄생 제례행사가 열렸고, 중국 정부는 해외의 중국문화원을 '공자학교'로 칭하기 시작했다. 원래 중국인들은 공자 · 맹자의 말씀을 비롯한 고전을 인용하기를 좋아하는데, 개혁 이전까지 약 30년 동안 중국대륙에서는 억제되어졌을 뿐이다.

예컨대 공자와 한자는 세 차례 죽었다가 다시 살아났다. 이러한 전통문화에 대한 반대와 각성이란 시련을 거쳐, 공자와 한자가 갖는 강인한 힘이 또 다시 입증되었다고 할 수 있다. 우리나라에서도 공자의 사당이 있고, 9월 28일 공자탄생일에는 제례도 지내고 있다. 공자사당의 소재지는 바로 조선시대의 성균관인 성균관대학교이다.

| 공자의 후예들

# 2. 인구 제한을 위한 산아제한정책과 흑아(黑儿: 헤이얼)

중국 인구는 청나라 이후, 두드러진 증가세를 보여, 중국 정부는 인구의 급격한 성장을 효율적으로 통제하기 위하여 1970년대부터 '가족계획(计划生育)', 즉 '1가구 1자녀 정책'을 한족에 국한시켜 실행해 오고 있다. 그 결과 10년 동안 6천여 만명의 인구증가를 면하게 되었고, 1980년대에는 더욱 엄격한 제정과 실행으로 인구출생률은 급감하는 성과를 이루었다. 그러나 이러한 일련의 노력에도 불구하고 1949년부터 반세기가 넘는 동안, 5억 4천만에서 2배 이상 증가해서 13억을 넘었다. 유엔 인구기구와 세계은행은 1991년에 모두 중국인구는 2025년에는 15억과 15억 9,700만 명에 달할 것이라고 각각 발표했다. 중국 인구가 18억 9천만이 될 때는 중국의 자원능력이 부양할 수 있는 한계를 훨씬 넘어서 '인구폭발위기'가 올 수 있다고 예측하고 있다. 또한 중국 인구의 과잉현상은 국민경제에 크게 영향을 주게 된다. 2008년 통계에 따르면, 중국 국민총소득은 미국 · 일본 · 독일에 이어 세계 4위를 차지하지만, 1인당 국민소득은 세계 130위권 밖으로 밀려나 있는 것이 현실이다. 그러나 지금 인도 인구의 증가추세라면 몇 십년 이후 인도가 세계 제1의 인구대국이 될 것이다.

중국 정부는 자녀 출산에 있어, 대체적으로 도시는 1명, 농촌에는 2명으로 제한하고 있고, '완혼(晩婚: 만혼)', '나이가 들어 늦게 결혼 함'을 장려하고 있으며, 산아제한 정책의 일환으로 중국 정부는 피임도구 자판기 설치도 해놓고 있다. 한족과 소수민족별로 산아제한 잣대가 다르고, 주로 한족에 대하여 엄격하게 이루어지고 있는 편이다. 한족에 있어서도 또 도시와 농촌, 성(省)별로 제한 잣대가 다르며, 위반할 경우 처벌 역시 달리하고 있다.

지금은 자본주의에 걸맞게 돈으로 해결할 수 있는 방법인 벌금제가 있다. 때문에 돈으로 벌금만 내면 아이를 낳고 싶은 대로 낳을 수 있다. 그러나 과도한 벌금부과를 피하기 위하여 계획 이외 출생된 아이들을 호구에 올리지 않는 경우도 많다. 즉, 호구가 없는, 중국에서 존재하지 않는 사람이 되며, 이러한 아이를 '헤얼(黑儿)', '어두운 아이', '검은 아이'라고 한다. 특히 식량 배급을 받았던 70년대 사회주의 시절에는 '헤얼'이 많을 수 밖에 없었으며, '헤얼'을 둔 가정은 어려운 생활고를 겪을 수밖에 없었다. 그리고 '헤얼'은 중국의 심각한 사회문제로 이미 부각되어 있다.

권력과 돈을 가진 계층에서는 벌금을 통해 문제해결을 하는 한편, 저소득계층에서는 돈과 공권력에 따른 이중고통을 받고 있다. 경제력에 따라 자녀출산의 불평등 문제가 대두되며 호소하는 목소리도 나오고 있다.

이밖에 남녀불균형 현상을 나타내고 있고, 남성의 생산비율은 여성보다 해마다  증가되어 지금 중국의 남성들은 결혼상대를 찾지 못하는 것 역시 현대중국의 사회문제가 되고 있다.

※ 중국은 1가구 1자녀 정책에 따른 고령화가 심각함.

# 3. 소비혁명 그리고 소황제 · 소공주와 하한주(哈韓族)

중국의 경제성장에 따라 국민경제도 성장하여 1979년 개혁 · 개방 이전 농촌의 주민 1인당 순수입은 130여 웬에서 2001년에는 2,360여 웬으로, 도시주민 1인당 소득은 340여 웬에서 6,800여 웬으로 성장하였다. 국민 소득수준의 지속적인 성장으로 중산층이 확대되면서 문화생활과 여가에 대한 소비가 급성장 하여, 상해 · 썬전 · 광쩌우 · 연해지역 등에서 내륙 지역으로 확대되었다. 그리고 소비문화는 고급화 · 다양화되어졌다. 중국인의 근성 중의 하나는 '저축'이라 할 수 있으며, 세계에서 저축률이 높은 국가 중 하나다. 그러나 고도의 경제발전을 이룬 지금의  중국은 경제발전을 지속시키기 위해서라도 '소비'를 해야 하는 실정이다. 중국인에 있어 '연휴'는 먹고 놀고 즐기는 날이다. 그러므로 길고 긴 중국의 연휴기간은 높은 소비를 나타낸다.

광활한 땅, 볼거리들이 많은 땅이란 이유가 있긴 하지만 아무튼 중국인들의 중국 관광 열기가 높다. 여러 이유가 있겠지만, '백문 불여 일견(百聞不如一見)'이란 말처럼, 자신의 나라를 알기 위해 '관광'은 곧 '교육'이라고 생각하는 면이 없지 않다. 10년 전, 중국의 서북부인 신강에서 동쪽으로 여행 온 어머니와 아들을 만리장성에서 알게 되었다. 그들의 이번 여행은 고등학교에 진학하기 전 방학기간을 이용하여 중국의 기름진 땅 동부(북경 · 북대해 · 승덕 · 상해 등)에 대한 식견을 아들에게 넓혀주기 위함이다. 그들은 5시간 넘게 비행기를 타고 날아와 1개월 넘게 어머니와 아들이 여행을 한다. 우리나라에서는 보지도 듣지도 못한 일이다.

특히, 대도시의 부유층 사람들은 명품만을 싹쓸이하는 경향이 있는데, 중국인의 홍콩 여행이 확대되면서 홍콩의 매출이 크게 늘고 있다. 이러한 부유사회의 낭비문제 또한 중국의 사회문제로 대두되고 있다.

지금 우리나라 백화점의 '1등 손님', '최대 큰손'으로 중국인이 떠올랐다. 일본인을 초월했을 뿐 아니라, 씀씀이 역시 다르다. 일본인은 식품류를 많이 구매하는 반면 중국인은 명품 구매에 나선다. 매체에서는 중국인은 하루 1인당 크게는 1억, 작게는 1백만 원을 소비한다고 밝혔다(2010년 2월 22일 보도). 지금 우리나라는 앞으로 더욱 많은 중국의 부유층과 큰손 잡기에 전력을 다 하고 있다. 세계관광기구(World Tourism Organization)는 중국의 해외관광객은 2020년에는 그 숫자가 1억이 넘을 것으로 예측하고 있다.

부르주아 계급의 사치스러운 스포츠인 골프와 크리스천의 명절인 크리스마스 날까지도 중국 사회의 소비열풍이 미쳤다. 돈이 있어도 사회 분위기, 남의 시선 때문에 필드에 나갈 수 없었던 것과는 달리 최근 골프장의 주인공은 외국인에서 중국인으로 바뀌어지고 있다. 광동성의 미션 힐 골프장(Mission Hills Golf Club and Resort)은 2004년 세계 최대의 골프장으로 공인되었다.

그밖에 '1가구 1자녀 갖기' 정책 세대의 아이들은 그야말로 부모와 조부모의 사랑을 독점하는 상황에서 소득수준의 향상과 풍요로운 생활은 중국

가정과 사회의 어린 황제와 공주를 만들어 내었다. 이러한 어린 황제와 공주들은 신세대를 위한 시장을 형성시킴에 이르렀다. 이들은 바로 우리의 한류(韩流) 열풍을 중국에서 만들어낸 장본인이기도 하다. 이들을 중국에서는 '하한주(哈韩族)', 즉 '한국 것을 좋아하는 무리'라고 칭한다.

# 4. 빈부격차 등 신흥 사회문제와 기존 사회문제

**정보통신의 발달시기**

20세기 후반부터 정보통신과 교통이 혁명적인 발달을 이루어, 세계를 하나의 생활공간으로 묶어 놓았다. 우리나라의 경우, 1990년대에 이르러 컴퓨터 · 인터넷 · 폰 · 자가용 등이 보편화되어 생활의 질을 높였다.

20세기 중반부터 과학기술의 발전과 생활의 편리함으로 인해 환경문제 · 인간중심적 생각에서 강요되는 인권문제 · 인구의 폭발적 증가문제 · 자원의 고갈문제 · 빈곤 확산 문제 등 전 지구적 문제가 발생되었다.

## 기존 사회문제

### 이주를 통제하는 호구제도의 문제점

중국 정부는 사회주의 추진하의 사회질서와 주민의 집단화를 통제하기 위한 방책으로 주민의 이주를 통제하는 '호구제도'를 실시하게 되었다. 즉 '호구등기관리제도(戶口登记管理制度)'라고 한다. 특히 1950년대 중국 전체 인구의 약 80%를 차지하는 농민의 농업생산력에 따른 이익을 중공업건설 자본으로 발전시키려고 한 정부의 정책, 그리고 농업인력의 과도한 도시로의 이동으로 인한 도시발전상의 문제 등 여러 문제로 인하여, 1958년 모택동은 '농업호구'와 '비농업호구'를 규정하므로, 특별한 경우 이외는 농민의 도시진입을 법률적으로 특별히 엄격하게 제한하였다. 그러므로 농촌의 농민 자녀로 태어난 아이는 부모의 호구인 '농민호구'를 가지며, 이러한 농촌 출신 아이들은 특별한 이변이 없는 한 평생 농민으로 살아가야 한다. 일종의 도시 · 농촌간의 불평등한 '신분제도'를 부각시킨 셈이다. '호구제도'를 위배하고 도시로 이주했을 경우, 날품팔이가 될 수밖에 없고, 여러 사회보장혜택도 받지 못한다. 2003년 한 지방대학 졸업 청년이 광쩌우에 직장을 구하러 왔다가 '호구제도'에 의하여 발급하는 '호구증' 미소지란 이유로 '공안(公安)'에게 잡혀 구타당한 끝에 사망에 이르렀으며, 중국사회에 큰 충격을 주었다.

## 사형 집행으로 야기되는 인권문제

예부터 중국은 전통적으로 법 집행이 엄격한 나라이며, 역대왕조는 범죄의 성격에 따라 다양하고 무자비한 방법으로 죄인들을 엄중하게 다스렸다. 남송(南宋)시대 포청천(包靑天)은 당대 유명한 사법관이었으며, 그의 인품은 도덕적이고 합리적이며 현명한 인물로 묘사되고 있으며, 검은 얼굴에, 양 눈매 중앙에는 반달모양이 있는 것이 특징인데, 그 당시 다양하고 엄중한 형벌은 '포청천(包靑天)'이란 영화 또는 TV 드라마 등을 통하여 알 수 있다. 오래 전 우리나라에서도 한때 TV에서 방영한 바 있다. 중국의 역대 엄벌주의를 지향한 전통사법제도, 즉 잔인하고 다양한 종류의 전통형벌은 사라졌으나, 형벌의 엄중함은 오늘날에도 예외 없이 그 맥을 이어오고 있는 편이다. 중국은 치안이 잘 되어 있는 나라로 자부하고 있는 만큼 길에서 '공안(公安)'을 심심치 않게 만날 수 있다. 그러나 13억이 넘는 인구와 넓은 영토를 지닌 중국은 범죄도 많고, 범죄의 성격도 잔인한 경우가 많다. 그러므로 중국은 보다 효율적인 사회 안정과 치안을 위해서 엄벌주의 사법제도를 고려하지 않을 수 없다. 특히 개방 · 개혁 이전 중국의 주민들은 강한 공권력으로 통제된 단체생활을 하였기 때문에, 범죄율이 상당히 낮았으나, 개방 이후 느슨해진 통제와 자본주의 사회의 특성상 범죄가 많아지는 것은 당연지사이다. 그러나 중국의 사형수는 세계 전체 사형수에 못지 않으며, 세계 최대 사형집행국가로 국내외 인식되고 있다. 따라서 유엔이나 국제인권단체에서는 중국의 과다한 사형수문제를 제기하고 있다. 그러나 중국 정부의 입장은 요지부동이며, 다만 각 지방법원으로 이양되었던 죄수의 사형 판결권을 다시 중앙 최고인민법원으로 가져오거나, 아님 지방에 최고인민법원을 설치하는 것과 법관의 전문성과 배심원제도 등 사법제도 개선을 위하여 고심하고 있다.

## 개혁개방으로 인해 발생한 신흥 사회문제

### 빈부격차의 문제

중국의 개혁개방에서 등소평의 '선부론' 정책이 어김없이 중국정부의 집중투자와 특혜로 이어지고 실현됨에 따라, 광동성과 복건성의 연해지방에 이어 해남도와 상해를 비롯한 연해지방 도시에 대한 정부의 투자 경제발전은 성공적으로 끝남과 아울러 갈수록 많은 부(富)를 축적하고 있음에도 불구하고, 당시 이러한 특정지역의 발전을 위해 저렴한 자원과 인력을 조달해 왔던 내륙지역의 경제발전은 지금도 여전히 저성장에서 벗어나지 못하고 있다. 개혁 · 개방의 선두주자인 광동성의 썬전은 1980년 이전에는 조그만 어촌에 불과했지만, 개혁 · 개방 후, 연평균 32%란 상상을 초월한 경이적인 경제성장 기록을 이루면서, 오늘날의 썬전은 중국의 부자도시, 세계의 주목을 받는 세계화도시 중의 하나로 변모하였다. 농촌과 중부 · 서부의 경제 낙후지역에는 빈민층이 많다. 동부에서도 하남성의 농촌은 매우 빈곤하다. 하남성은 동부개발계획에도 서부개발지역에도 모두 들어가지 못하였기 때문이다. 하남의 한 농촌에서는 생활고로 인해 피를 파는 사람이 많고, 그러므로 에이즈환자가 많고, 심지어 한 마을 사람 전체가 모두 에이즈에 걸렸다. 청해는 중국에서 가장 낙후된 지역이라 할 수 있다. 그러나 빈민들은 이러한 낙후지역에만 국한되어 있는 것이 아니다. 북경역에서도 중국의 빈부격차를 한눈에 살펴볼 수 있다. 축복을 받은 경제개발지역은 중국 총영토의 3%, 전체 인구의 12%에 불과하나, 이 3%의 땅에서 12%의 사람들이 중국의 경제를 이끌어 나가고 있고, 부(富)를 누리고 있다. 특히 갈수록 빈부격차는 더 할 것임은 자명한 일이다. 빈부격차문제는 등소평의 '선부론'에서 그 원인을 찾아 볼 수 있으나, 광대한 한 나라가 30년 동안의 문호 폐쇄를 한 가운데서 균형화 발전은 부담으로 다가왔었을 것이다. 지금의 후진타오 체제의 시작과 더불어 중국 사회의 위압감 조성과 위협이 될 수 있는 빈부격차문제의 해결을 위한 일련의 집중적인 정책을 마련하여 문제 해결의 피나는 노력을 하고 있다. 지난해에 이어 올해 2010년에도 8% 성장 목표를 설정하고 있고, 7억 농민과 서민들의 소득향상 및 민생개선을 위한 여러 정책을 마련하고 있다. 그 중에는 가전제품 공급확대정책도 포함되어 있다.

### 직장보장문제

개혁 · 개방 이전, 사회주의 모형인 중국사회는, 비록 경제는 낙후되 가난한 나라였지만, 실업자가 없었다. 당시 중국사회에는 각 분야별로 크고 작은 '공쥐단웨이(工作单位: 공작단위)', '일터'가 있었고, 정부에서 모든 중국인에게 단웨이를 부여하여, 일자리를 마련해 주면, 단웨이에서 단웨이 수준에 맞는 주택 · 식량 · 의복을 배급하였고, 자녀교육 · 의료혜택을 제공하였다. 이러한 안일한 '단웨이' 형태 사회는 직장보장제 사회에서 구직형태사회로 변모하면서 사회의 소외계층도 생겨났고, '철밥통' 시대를 그리워하는 사람도 있다.

## 성(性)문화 개방에 따른 이혼문제

개혁 전, 사회주의 체제에서의 '성(性)'은 매우 보수적이고 일종의 금기사항이었다. 공산당은 '성'은 비도덕적이고 퇴폐적인 것으로 간주 술집 · 포르노산업 등 성과 유관한 것들을 모두 척결하였다. 부부 · 가족관계가 아니면 남녀가 함께 숙박시설에 투숙하지 못하였고, 이혼은 반사회적 행위로 정부는 규정하고, 이혼 허락을 '단웨이'로부터 받아야 이혼이 성립되었다. 더 큰 문제는 이혼한 후의 주택 · 취업 문제와 불이익이 뒤따른다는 것이다. 민영과 개인기업이 증가하면서 실행해 왔던 단웨이의 이혼허가제도가 유명무실해지므로, 2000년대에 이르러서는 이성간의 교제자유는 물론 억압된 성생활에 대한 해방을 만끽하듯이 '성금고시대(性禁錮時代: 성 금기시대)' · '성시상시대(性時尙時代: 성 유행시대)' 등 유행어가 나왔다. 2003년 중국 정부는 마침내 '이혼의 자유화'의 이혼규정을 제정하였다.

우리나라에서는 아직 찾아 볼 수 없는 대규모 '성 전시품'이 전시되었으며, 광쩌우에서 개최되고 있는 '성 박람회'는 전국적인 성문화제이며, 억압된 성문화에서 개방된 성문화로의 전환기에서 건전한 성문화를 계몽하기 위한 행사이다. 고대 중국의 전통 성 기구 등이 전시되어 있으

**기회의 땅이 된 썬전의 개발 과정**

중국은 정부 차원에서 한족을 비발전지역으로 이주시켰던 정책과 같이, 썬전을 경제특구로 지정함과 아울러, 중국 전역의 인재들을 차출하여 썬전으로 이주시킨 동시 일반인의 출입은 금지시켰다. 한편, 선전이 비약적인 발전을 이룰 수 있었던 것은 지척지간에 있는 홍콩이 있었기 때문이다. 하늘 무서운 줄 모르고 치솟는 땅값과 높은 임금 등 두통거리를 안고 있던 홍콩에게도 축복이었다. 홍콩 자본의 진출에 이어 대만 · 동남아 화교들의 자본이 물밀 듯이 밀려와 지금의 '기회의 땅', '부자의 땅'이 되었다.

**중국 사유재산**

중국은 1956년에 사유재산을 모두 몰수하였고, 이에 따라 백성들의 불만이 높아졌다. 개혁개방 정책이 실행되었지만, 1989년 천안문사태로 인하여 이붕과 강택민 등은 문호를 다시 닫고 자국의 힘으로 경제문제를 해결하려고 하였으나, 자본주의 물결은 끊이지 않고 계속 이어져 1999년 1월 경, 사유재산 인정법안의 헌법 명시는, 중국이 사회주의 붕괴 직전이라는 것을 의미해주고 있다.

며, 인기가 좋은 편이다. 나라가 크다보니 그럴 수가 있는데, 하여튼 중국에서는 해괴한 보도를 많이 접할 수 있다. 인조처녀막 · 머리카락으로 만든 간장 · 가짜 계란 등등을 들 수 있다.

성문화의 개방으로 인하여 이혼율이 급증하고 있고, 이혼 사유 역시 성적 문제가 이혼의 큰 비중을 차지하고 있다.

# 5. 교육

중국의 초등학교와 중학교의 학제는 일정하지 않고 약간의 융통성을 띠는데, '6 · 3제'가 일반적인 학제이며, 이외에 '5 · 4제'와 '5 · 3제' 등이 있다. 고등학교는 3년제이다. 직업중학교의 학제는 3~4년, 직업고등학교와 기공학교는 대체로 3년, 중등전문학교는 중학교 졸업생 모집은 4~3년, 고등학교 졸업생 모집은 2~3년으로 되어 있다. 대학은 일반적으로 4년이며, 의과대학은 5년과 7년 두 과정이 있고, 일부 이공대학에서는 5년 과정도 있다. 석사는 2년, 박사는 3년이다. 대만은 전문학교 · 직업학교 등 이외는 일반적으로 '6 · 3 · 3 · 4제'로 이루어져 있다. 중국과 대만 모두 우리나라와는 달리 9월에 신학기가 시작된다.

중국과 대만은 모두 9년 의무교육을 법적으로 규정하고 있다. 개방 이전 중국은 대학도 나라에서 교육을 시켰지만 개방 이후, 점차적으로 사비로 대학을 다녀야 한다.

중국에서는 모택동사상을 배우는 것에 비해, 대만 대학에서는 손문의 삼민주의를 배우고, '군훈 과목(軍訓科)'이 있는데 우리나라의 교련 수업과 같다. 우리와 다른 것은 여대생들도 이 수업을 들어야 한다는 것이다. 이 수업은 교복을 입고 손자병법(孫子兵法) 수업을 받는다.

중국의 대학 수는 2,000여개가 되나 고3 수험생들의 대학진학 경쟁은 치열하고 많은 수의 수험생들은 대학에 들어갈 수 없다. 대학진학을 못하는 학생들 가운데 부유층 자녀들은 미국 등 선진국으로 유학을 가고, 중산층 자녀들은 그 이하 수준의 나라로 유학을 간다. 우리나라로 유학 오는 중국유학생들이 2000년대 이후 지속적인 증가 추세에 있다.

# 6. 여성의 지위

**환경보호문제에 민감한 중국인**

중국 서부 관광지개발에 대하여 여론과 국민들은 '경제발전'이냐 '환경보호'냐를 두고 심각한 논쟁을 벌렸고, 2000년 TV에서는 이 문제에 대한 '대학생 변론대회'를 개최하였다. '환경보호'란 말을 줄여서 '환보(環保)'라고 한다. 대만에서는 근 몇 년 전부터 '젓가락 휴대하기 운동'을 펼치고 있다. 이는 즉 '일회용 젓가락 사용하지 않기 운동'이다.

중국이 사회주의 수립 후의 여성들은 '하늘의 절반'이란 말처럼 사회적으로 평등 또는 그 이상의 권리를 갖고 있으며, 3월 8일인 '삼팔 부녀절(三八妇女节)'이 있는 것을 봐도 짐작할 수 있다. 이 날 중국의 부녀자들은 반나절 쉰다. 공산당 정부가 여성의 평등권을 보장해주었다고 단언할 수는 없다. 자유민주국가인 대만과 1997년까지 영국의 식민지였던 홍콩 등 지역에서도 마찬가지다. 중국 여성들은 우리보다는 훨씬 일찍부터 가정은 물론, 사회에서의 대우가 좋다. 오히려 여성들의 목소리가 남성들보다 큰 편이라 해도 과언이 아닐 만큼 중국 남성들은 여성을 잘 위해준다. 위해준다는 차원 이외 중국 남성들은 남자는 작은 일에 여자와 승강이하지 않는다는 의식이 잠재되어 있다고 할 수 있다. 유교가 중국에서 시작되었지만 우리나라에 와서 특히 이조시대에 남존여비 사상은 더욱 강화되었다. 적어도 1960~70년대 중국 가정에서는 우리나라와는 달리 이미 '아들 딸 구별 없는 사회'가 조성되었다.

중국여성의 사회참여율은 통계상으로 선진국 못지 않다. 정치 등 예외적인 분야도 있겠지만, 외형적으로는 남성들과 같이 사회 각 분야에서 활동 및 기여를 하고 있다.

# 7. 지금 중국은 이렇게 말한다.

서양인들은 티베트가 중국의 땅이 된 시기에 대하여 아주 민감한 반응을 표출하고 있으며, 티베트 사람들이 주장하는 바와 같이 1959년에 중국이 강제로 티베트를 차지했다고 생각한다. 2008년 베이징 올림픽 이후, 2009년 12월에 출판된 ≪중국은 기분이 좋지 않다(中国不高兴)≫[번역서 ≪앵그리 차이나(중국이 화났다)≫]란 책은 5명의 중국 저자가  쓴 글을 수록하고 있는데, 서양인의 이러한 사고에 대하여 격렬하게 비판을 하고 있다.

송샤오쥔(宋晓军)의 '미국은 늙은 오이일 뿐'이란 글에 이어 왕샤오둥(王小东)은 '서양은 중국의 분노를 직시해야 한다'란 글에서 티베트 독립문제에 대하여 캐나다에서 유학 중인  중국 청년 유학생의 "티베트는 과거에도 중국의 일부분이었고, 현재와 미래에도 영원히 중국의 일부분이다"란 글과 인터넷에 분통함을 호소하는 중국 젊은이들의 말에 동조하면서 다음과 같은 말을 하였다.

티베트 독립분자와 일부 서양인들이 1959년 이전에는 중국이 티베트에 대한 종주권만 지녔고 주권을 갖지 못함을 증명했다고 하더라도 어쩔 것인가? 서양인들이 오세아니아와 남북 아메리카 · 아프리카 · 아시아에서 유럽으로 완전히 철수하면 중국도 티베트에서 철수할 수 있다. 그러한 생각이 없다면 더 이상 이 문제를 거론하지 말라. 미국이 아프간과 이라크를 점령했고, 유고슬라비아를 해체시켰는데, 이제 중국을 해체시킬 것인가? 티베트 독립과 신강 독립을 위하여 핵 강대국인 중국과 일전을 치를 준비가 되어 있는 것인가? 서양인들은 도덕을 논할 자격이 없다. 이제 서양과 중국은 보다 평등한 관계에 서야 하며, 중국이 서양의 인정을 받아야 한다면 서양도 중국의 인정을 받기 위해 노력해야 한다.

# 8. 현대 대중문화

## 8-1 중국 고유의 전통적 대중문화: 경극(京劇 : 징쥐)

현대 중국의 대중문화는 역시 '현재와 과거가 공존하는 나라'란 말에 부합되듯, '실생활 속의 전통문화'를 보존하고 있고, '중국적인 느낌'을 십분 발휘한다.

수 세기 동안 중국예술가들의 창조와 발전을 걸쳐 중국의 독특한 공연예술이 된 '경극(京劇: 징쥐)'은 서양의 공연예술과는 달리 예술적 요소를 다채롭게 결합한 '예술의 결정체'이며, 중국 고유의 전통적 종합무대예술이다. 수 세기를 거쳐 완성된 무대예술이 21세기를 사는 지금의 중국에서도 매일 공연되고 있고, 사랑을 받는다는 이 사실은 '과거와 공

**경극(천년의 역사) 더 알아보기**

지금의 경극은 중국의 모든 예술 형식의 전통극의 대표라 할 수 있으며, 양자강 연안지방에서 시작되어 북경에 이르러 완성되었다. 경극은 극본 · 연기 · 음악 · 노래 · 분장 · 의상 · 소도구 등 다양한 예술적 요소가 상징적 원리 아래에서 발전되어 왔다.

| 수줍어하는 경극배우의 모습

| 경극배우의 분장모습

| 촬영 타임

| 야외 공연

| 촬영 타임

존하는 나라임'을 실감하게 한다. 경극의 예술성은 세계에 널리 알려져 있다. 베이징 첸먼(前门: 전문)에 '라오써차관(老舍茶馆)'이란 찻집에서 경극이 공연됨을 비롯하여 여러 곳에서 공연이 이루어진다.

경극은 인물분장과 의상이 특히 화려하고 예술성이 뛰어난데, 얼굴의 화장술과 색깔은 그 인물의 성격을 잘 묘사해내고 있다. 경극공연 전 서비스 차원에서 공연장 입구에서 분장을 하여 분장하는 모습을 관중들에게 제공하여 관중들의 눈을 즐겁게 해주기도 한다.

## 8-2 일반대중문화

1949년에서 1980년대 중반까지의 중국 대중문화는 없다고 할 수 있으며, 중국 사회환경은 대중문화를 형성할 만한 여건이 없었다. 1980년대 중반에 이르러 마치 중국 현대사에 대한 반항과 부정, 회한과 비탄을 대변하는 목소리가 등장하기 시작한다. 등장한 인물들은 유년시절에 문화대혁명을 겪었다.

1961년생인 최건(崔健: 췌젠)은 1986년 5월 9일 노동자체육관에서 개최된 '국제평화의 해' 기념공연에서 당시 무명가수였던 그는 그 시대의 민감한 신경을 표출하는 '아무 것도 없다(一无所有: 무소유)'란 제목의 노래를 불어, 폭발적인 호응을 받았고, 천안문사태인 1989년 '피의 일요일'에 천안문광장에 모인 민중들의 입을 통해 그의 노래는 시대적 정신을 대변하는 대중문화로 한 때 자리를 잡았다.

그리고 1980년대 후반의 대중문화를 대표하는 인물은 1958년생인 왕숴(王朔)이다. 그는 1980년 중반에 문단에 등장하여 80년대 후반에서 90년대 초반까지 중국대중문화의 심리를 대변한 작가였다. 그의 중편소설 ≪절반은 불꽃, 절반은 바닷물(一半是火焰, 一半是海水)≫과 ≪고무인간(橡皮人)≫, 그리고 ≪노는 것은 바로 가슴이 두근거리는 것이다(玩的就是心跳)≫ 등 일련의 작품들은 내일은 없고 즐길 수 있을 때 즐긴다는 자아 향락적 형태로 표출하고 있다. 반사회적인 반항아의 형태가 아닌 퇴폐적 문화 심리를 이용하여 사회에서 소외되고 있는 서민들의 심리를 표현하였다고 할 수 있다. 1990년대 초반 왕숴의 문체나 말투는 유행이 되었으며, 그의 소설은 영화로 제작되기도 하였다. 왕숴의 글은 명실상부한 대중문화의 주류가 되었다.

1990년대 초반에는 우리나라에서도 잘 알려져 있는 장이머우(张艺谋)의 '욕망 3부곡', '붉은 수수밭(红高粱)' · '국두(菊豆)' · '홍등(红灯)' 등 동양미학 차원에서 성(性)적 내용을 다룬 작품들이 나왔다. '홍등(红灯)'은 상영금지 되는 한편 비평가들의 비판을 받았다. 1994년 장이머우는 위화(余华)의 소설 ≪活着: 살고 있다≫를 영화로 만든 작품이 ≪인생(人生)≫이다. 소설 ≪活着: 살고 있다≫는 이태리 문학상을 받은 예술성이 뛰어난 소설로 국제적으로 주목을 받았으며, 영화 ≪인생(人生)≫ 또한 칸느영화제 남우주연상을 수상한 작품으로 그 예술성을 인정받았다. 이 영화는 또 중국에서는 금지된 영화로 1998년 초까지 중국인은 외국인으로부터 이 영화를 소개받아 이러한 중국영화의 존재에 대해 알 수 있었다.

이밖에 일본 · 대만 · 홍콩의 대중문화가 중국에서 유행되었으며, 이들 문화를 쫓는 매니아들이 많았다.

90년대 말 이전에는 우리가 중국을 일방적으로 바라보았지만, 이 이후 중국 젊은이들도 우리의 대중문화를 바라보기 시작했다. 중국에서는 한국 열풍이 불었고, 마침내 '한류(汉流)' 대신 '한류(韩流)'라는 신조어가 생겨났고, 가수 안재욱 · HOT · 클론 등을 비롯한 가수와 우리 노래가 중국에서 유행하고 있다. 우리의 드라마도 중국과 대만사람들의 사랑을 꾸준히 받고 있음과 더불어 한국드라마 전문채널까지 있다. 이밖에 우리나라의 음식 · 의복 등 생활용품도 중국인들의 애호를 받고 있으며, 중국 마트에 가면 우리나라와 똑같은 '신라면(辛拉面)'이 있다. 그러나 중국의 신라면은 중국에서 만들어진 것이라 우리 것보다 맛이 없다. 중국 사람들의 입맛을 고려해 제조된 신라면이다. 대도시에는 전문적으로 '한국 것'만 파는 '한국성(韩国城)'과 같은 전문 시장도 있다. 한마디로 20년간의 '한류(韩流)'열풍은 중국대중문화의 한 페이지를 장식하고 있다. 그러나 이러한 우리나라의 열풍의 생명력은 누구도 장담할 수는 없다.

# 9. 중국인 마음속의 고전 · 인물

중국인들은 명 · 청(明 · 淸) 시대의 작품으로 세계적으로 이름 난 장편소설, 즉 '4대기서(四大奇書)'인 ≪홍루몽(紅樓夢)≫ · ≪삼국지(三國志)≫ · ≪서유기(西遊記)≫ · ≪수호전(水滸傳)≫ 가운데서 우리나라에서는 많이 알려지지 않은 ≪홍루몽(紅樓夢)≫에 대한 관심이 매우 많은 편이다. 따라서 ≪홍루몽(紅樓夢)≫이란 한 권의 소설책으로 하나의 학문을 이룬다. 이를 '홍학(紅學)'이라고 하는데 중국은 물론 외국에서도 이에 대한 연구가 활발하다. 역사영웅으로는 우리가 알고 있는 ≪삼국지(三國志)≫에 나오는 인물인 제갈

| 서시(춘추시대 오왕에게 바쳐진 월나라 미녀)
출처_seo.woku.com

| 왕소군(한나라 초기의 궁녀, 그녀는 화친을 위해 흉노족과의 통혼을 자칭함)
출처_tupian.hudong.com

| 당나라 조비연(趙飛燕)
출처_www.wf66.com

| 당나라의 양귀비
출처_home.qinqiang.org

| 옥 핸드폰 줄

| 옥 손거울

| 홍루몽의 상사홍두(相思紅豆)

량 · 유비 · 관우 · 장비 · 조조 · 손권 이외에, 남송시대의 충성스러운 장군이자 송나라를 대표하는 문학장르 사(詞)의 작가인 악비(岳飛: 웨페) · '산지동포(山地同胞)'라고도 부르는 대만의 원주민을 정벌한 정성공(鄭成功: 쩡청공) 그리고 우리나라에도 알려진 청대 말의 황비홍(黃飛鴻: 황페홍) 등 인물이 있다. 또한 중국인들은 한나라를 세운 농민출신의 유방보다는 초나라 귀족출신의 장군인 항우(項羽: 샹위)를 더 좋아하는 사람도 많고, 유비(劉備)보다는 문인 소질이 있는 조조(曹操)를 더욱 인정하는 경향도 있다. 그밖에 우리가 알고 있는 중국의 절색미인 양귀비(楊貴妃)보다 서시(西施) · 왕소군(王昭君)을 으뜸가는 미인으로 인정해준다. 4대기서(4大奇書)는 문화대혁명 기간에는 당시사회에 역행서적으로 여겨져 왔다.

진시황은 도통(道統)을 중국의 기본이념으로 생각하는 중국인들에게는 폭군으로 알려져 왔으며, 문혁 동안 공자 비방 차원에서 상대적인 인물로 등장하여 한때 홍위병에 의하여 찬양 받았던 적이 있다. 지금 중국에게 외화를 안겨다 주는 만리장성을 비롯하여 도덕 이외의 진시황의 공적에 대하여 중국인들은 재평가를 하고 있다. 그의 공적은, 긴 세월의 분열되고 전쟁으로 얼룩진 나라에 대한 통일과 문자통일 · 화폐사용 · 운하건설 등등이 있다.

5장

# 정치와 공산당

# 1. 강력한 파워를 지닌 공산당

중국의 모든 방면이 자본주의화되었지만, 정치만은 아직도 사회주의 노선을 걷고 있고, 중국의 최고기관은 중국정부가 아니라 중국공산당이다. 중국의 개혁·개방과 동구권 공산국가와 소련의 붕괴 그리고 북한의 심각한 경제난은 사회주의 이데올로기의 실패를 이미 입증해주고 있다. 그러나 중국공산당은 여전히 힘을 잃지 않고 있다. 물론 중국 정치의 민주화를 호소하는 지식분자들도 있었고, 이와 관련된 사태가 발생한 바도 있지만, 지금의 대부분 중국인들은 공산당의 단일독재에도 불구하고 반대하거나 격렬하게 반항하지 않는다.

중국 공산당이 중국에서 강력한 파워를 가지며 통치의 당위성을 갖는 까닭은, 첫째, 그들의 경험적 철학관에서 비롯된 군사력 장악이라 할 수 있다. 중국의 군사력은 중국 정부가 아닌 공산당이 장악하고 있다. 둘째, 중국 공산당의 변화와 노력이 아닐까 한다. 신중국 건립 후, 사회주의 혁명 이데올로기라는 통치명분이 있었고, 비록 대약진운동과 문화대혁명 등을 통하여 공산당에 대한 부정적인 시각도 존재하였지만, 위기를 극복할 수 있었던 것은 바로 1979년 등소평의 개혁·개방 정책 덕분이라고 해도 과언이 아니다. 처절했던 빈곤을 체험한 바 있는 중국인들은 도시와 농촌, 경제개발지역과 비개발지역간 정도의 차이를 떠나, 일찍이 누리지 못한 경제적 삶을 누리고 있고, 오늘은 어제보다, 내일은 오늘보다 나은 삶을 산다는 미래에 대한 희망찬 믿음을 가지고 있다. 또한 지금의 중국인들은 아직 이념문제보다 민생문제에 관심이 크며, 경제적 삶에 만족하고 있다. 그러므로 누가 중국을 다스리든, 그것이 공산당이든 아니든 아직은 상관없다는 것이다. 이는 공산주의든 민수수의는 백성들을 살 살게 하는 것이 관건임을 밝힌 등소평의 뜻과 부합된다.

중국 공산당에 대한 지지도에 변수가 되는 것은, 중국 사회가 직면하고 있는 중국 공산당 관료의 부정부패 · 소득격차 등 문제이다. 공산당은 중국의 공식정부인 국민당정부가 공산당에게 패배한 까닭은, 일부 국민당원의 부패로 인하여 민심을 잃어버렸기 때문이라고 여긴다. 공산당은 전철을 잘 아고 있기에 공산당원의 부패 척결을 강조해 오고 있다. 또한 서민들의 소득수준 향상에도 여러 정책을 세워 노력하고 있다.

과거사에서도 중국공산당의 위력을 짐작할 수 있다. 1912년 손문의 12번째 신해혁명의 성공으로 국민당이 영도하는 자유민주국가인 '중화민국'을 세운 뒤, 거대한 중국을 '황제의 나라'에서 새롭게 건설하는 과정에서 러시아혁명의 영향을 받은 중국 공산주의자들이 배양되어, 1921년 7월 공산당의 창당을 선포하였지만, 당시 국민당은 한 정부의 집권당이며, 중국공산당은 극소수 공산당원의 작은 조직에 불과하였다. 중국은 북벌과 외세라는 혼란스러운 국가정세, 그리고 당시 농민과 노동자가 80% 이상을 차지하고 있는 중국은, 공산당에게는 끊임없는 행운을 가져다주었다고 해도 무리가 아니다. 그러나 공산당의 투쟁정신과 학력보다 현장 경험 중시 등 철학 역시 지금의 중국 공산당을 만들어내었다. 중국 공산당의 선봉 지도자들의 학력을 살펴보면, 모택동은 사범학교 졸업, 유소기는 소련 모스크바 유학, 주은래와 등소평은 프랑스 유학, 임표는 황포군관학교(장개석 교장 직 부임), 호요방은 무학이고 조자양은 학업중퇴였다. 여기에서 등소평이 호요방과 조자양을 발탁하여 요직을 맡긴 사례에서도 중국 공산당은 '능력' 중심의 '인재육성'을 중요시하며, 이것이 중국 공산당의 힘을 강하게 하는 이유이기도 하다.

# 2. 중국을 움직이는 지도자들

- 1세대 지노자들: 보백동 · 주은래 · 유소기
- 2세대 지도자들: 등소평 · 호요방 · 조자양
- 3세대 지도자들: 강택민 · 이붕 · 주용기

| 이붕과 강택민

| 강택민과 주용기

- 4세대 지도자들: 후진타오 · 원쟈바오 · 우방궈

| 호금도(胡锦涛: 후진타오) 당 · 국가영도인중공중앙총서기(国家領导人中共中央总书记) 국가주석(国家主席) 중앙군위주석(中央军委主席)

| 오방국(吴邦国: 우방궈) 전국인대상위회위원장(全国人大常委会委员长)

| 온가보(温家宝: 온자바오) 국무총리(国务院总理)

• 5세대 지도자: 시진핑(习近平 습근평): 2010년 10월 18일 보도에 의하면, 당시 후진타오 주석체제는 2013년이 되면 시진핑 체계로 바뀌어, 시진핑 주석체제가 중국을 이끌 것이라고 하였다. 2013년 이변 없이 시진핑정부로 교체됨

## 중국역대 지도자 표

| | 국가주석 | 전국인대상위회 위원장 | 국무원총리 |
|---|---|---|---|
| 1949. 10~1954. 9 | 모택동 | | |
| 1954~1959(제1회) | 모택동 | 유소기 | 주은래 |
| 1959~1965(제2회) | 유소기 | 주덕<br>(朱德: 쭈더) | 주은래 |
| 1965~1975(제3회) | 유소기 | 주덕 | 주은래 |
| 1975~1978(제4회) | | 주덕<br>(1976. 7까지) | 주은래<br>(1976. 1까지)<br>화국봉 |
| 1978~1983(제5회) | | 엽검영<br>(叶劍英: 예젠잉) | 화국봉 |
| 1984~1987(제6회) | 이선념<br>(李先念: 리시엔니엔) | 팽진<br>(彭眞: 펑쩐) | 조자양 |
| 1988~1993(제7회) | 양상곤<br>(杨尚昆: 양쌍쿤) | 만리<br>(万里: 완리) | 이붕 |
| 1993~1998(제8회) | 강택민<br>(江泽民: 쟝저민) | 교석<br>(乔石: 챠오쓰) | 이붕 |
| 1998~2003(제9회) | 강택민 | 이붕 | 주용기<br>(朱镕基: 쭈룽지) |
| 2003~2008(제10회) | 후진타오 | 우방궈 | 원쟈바오 |
| 2008~2010(제11회) | 후진타오 | 우방궈 | 원쟈바오 |
| 2013~ | 시진핑 | | |

# 3. 정치적인 난제(難題)

## 3-1 대만문제

장개석 총통시절의 대만은 '대륙 회복(恢復大陸)', 즉 중국 본토 회복을 국시로 삼았다. 장개석과 장경국 두 부자 총통이 사망한 후, 대만 본성인 출신의 국민당원인 이등휘 총통을 거쳐 대만 독립을 주장하는 천쉐이벤(대만 본성인 출신이자 민진당 소속)에 이르러 대만의 목표가 점차 변하였다.

천쉐이벤은 1970년대 '미려도 사건(美麗島事件)'으로 알려진 대만독립시위의 주요인물로, 총통으로 재선된 2004년도에도 입법위원 선거에서 대만 독립추진을 선거공약으로 제시하였지만, 과반수 찬성 획득에 실패하였고, 국민들 역시 대만 독립에 불안감을 느끼며, 중요한 것은 2000년 전까지 대만의 집권당인 국민당이 대만의 독립을 찬동하지 않는다는 점이다. 2008년 총통선거 때는 해외의 화교들도 대만으로와 적극적으로 국민당을 지지하였으며, 대만에서 가장 보수적인 성향을 띠며, 민진당을 지지했던 고웅(高雄: 가오숑) 지역에서도 예년에 비해 국민당을 지지하는 사람들이 많았다. 그 결과 국민당인 마잉지우가 대만의 총통으로 당선되었다.

중국의 외교부장관인 이조성(李肇星: 리자오싱)은 유엔 총회연설에서 "중국은 대만의 독립을 좌시하지 않을 것이고, 중국에서 대만을 분리시키는 것을 결코 허용하지 않을 것이다"라고 중국의 입장을 단호하게 밝혔다. 그리고 '반분열국가법'을 제정, 대만 독립에 대한 법적 장치를 마련하였다.

중국이 군사대국이기는 하나, 대만 역시 60년 동안 지속적으로 이룬 국방대비 또한 소홀히 할 수 없다. 대만은 "중국이 대만을 공격한다면, 대만은 상해를 공격할 것이다"고 위협했으며, 일각에서는 중국의 대사업인 삼협(三峽) 댐마저도 파괴할 수 있다고 위협했다.

여하튼 중국에 있어 대만문제는 국가적 과제임은 틀림없다.

| 대만 금문에 걸인 '삼민주의가 중국을 통일한다' 란 글.

| 금문의 민족문화촌

## 3-2 티베트(서장: 시즈앙)의 독립문제

티베트 역사를 살펴보면, 중국 문헌에 기원전 2세기 유목민족이란

기록이 있으며, 7세기 중국 국경지역의 여러 부족들을 물리치고, '투보 왕국'을 건설, 중국 당나라 당태종(唐太宗) 이세민(李世民)의 문성(文成)공주와 네팔의 브리쿠티 공주와의 전략적 혼인관계를 통해 국력을 강화시키고 문화적 발전을 거듭하게 되었다. 당시 중국에서는 장족(藏族: 티베트족)을 토번(吐蕃)이라고 하였다. 문성공주는 중국의 불상을 가지고 시집가 한족의 문화를 전파하였다. 그 후, 400년의 정치와 종교적 갈등을 겪기도 했다. 13세기에 이르러 중국과 중앙아시아 등에 거대한 제국을 건설하고 세계를 정복한 몽골의 징기스칸에 의하여 지배를 받기 시작하여, 중국을 지배한 몽고족이 중국에서 세운 왕조인 원나라 때 중국 영토로 귀속되었다. 18세기에는 영국과 러시아가 티베트 지배층과 결탁하여 티베트를 중국으로부터 분리시키려고 하였으나 실패로 끝이 났다. 1959년 인도로 망명한 달라이라마의 티베트의 독립운동과 이로 인해 빚어지는 유혈사태에 대하여 세계의 이목이 집중되어 있으며, '인권'문제로부터 자유로울 수가 없는 것이 중국의 골칫거리다.

티베트 문화 = 중국문화 + 네팔문화

티베트 종교: 티베트 불교, 라마교

라마: 라마교의 교주

중국 국가주석인 후진타오는 1980년대 말에 일어났던 티베트 군중시위를 잘 마무리한 공적으로 최고지위까지 올랐다.

2008년 '3 · 14 티베트 사태'와 티베트의 북경 올림픽 성화 봉송 저지사건, 까르푸 봉쇄와 불매운동을 통해 티베트인들은 국제사회의 주목을 받아 독립을 호소하고 있다. 그러나 중국 정부는 티베트는 역사적으로 중국의 일부이고, 1949년 해방군의 티베트 진입은 그 동안 내전과 외환으로 방치해온 땅을 회복한 것이라고 주장하면서 단호하게 중국의 입장을 밝히고 있다.

| 1954년 달라이 라마와 모택동 그리고 반선대사(班禪大師)

| 1959년 인도로 망명한 달라이 라마

2000년 이후, 중국은 한족을 대거 이주시키고, 티베트 경제발전에 대한 적극적인 투자를 지원하고 있고, 또한 국제사회에서는 비록 중국 정부가 관장하는 국내 라마파보다 1959년 인도로 망명한 달라이 라마(達賴喇嘛)의 망명 라마파를 전통 라마로 인정하고 있으나, 티베트의 전통종교인 티베트불교 라마교는 티베트 땅을 떠나서는 그 생명력을 이어가는데 한계가 따르며, 달라이 라마가 망명시 국경분쟁문제로 적대관계에 있던 중국과 인도 관계가 점차 호전되어 오면서 달라이 라마 역시 티베트 독립에 대하여 점차적으로 유화적인 태도를 보이고 있다. 달라이 라마는 또 티베트 전통종교와 전통문화를 보장한다면 독립을 포기한다는 입장을 밝히고 있다.

중국과 인도: 1959년 중국과 인도는 국경문제로 사이가 안 좋음.

| 인도에서의 달라이 라마

| 티베트의 포탈라궁

## 3-3 신강(신장)의 독립문제

신강의 원주민 위구르족은 회교를 믿는 회족(回族)으로 중국 소수민족 가운데 제일 이질적인 색채를 띠는 민족이며, 신장은 지역적으로도 중국과 서역을 이어주는, 즉 과거 실크로드의 주요 통로이다. 위구르족은 중국의 통치로부터 벗어나려는 독립투쟁을 지속적으로 전개해 오고 있으며, 국제 테러단체와 연계되어 있다는 설이 있을 정도로 신장에서의 테러가 빈발하고 있어, 신장은 티베트와 더불어 중국의 두통거리로 남아 있다. 따라서 중국 정부는 신장지역의 테러조직 단속을 강화하고 있으며, 서부대개발사업 추진을 통해 신장의 경제발전을 지원하여, 낙후된 신장지역에 도로건설과 대형쇼핑센터가 들어서고 있다. 또한 신장지역으로의 한족 이주는 대폭 늘어나, 이 지역의 한족 수는 총인구의 60%를 차지하고 있다.

신장은 중국 원유 · 천연가스 · 석탄 등 자원생산에 있어, 약 1/3가량을 차지하며, 중국 최대의 면 생산지이자 주요 과수업 생산지이다. 특히 신장은 거대한 원유와 가스의 매장지, 즉 에너지자원의 보고(寶庫)이며, 또한 풍부한 에너지자원 보유지역인 중앙아시아와 국경을 한 지정학적(地政學的) 중대한 위치에 있다. 미국이 중앙아시아 진출에 있어 중국의 서부개발은 큰 걸림돌이 되므로, 미국은 신장의 독립을 내심 반기는 것은 당연한 일이다. 그렇지만 중국 역시, 땅도 땅이지만 이렇게 중대한 역할을 하는 땅을 독립하도록 놓아두는 일은 분명 없을 것이다.

지금 중국은 수십 년 경제 고성장으로, 원유 수요가 해마다 급상승함에 따라 에너지 공급 확보문제의 대두로 인하여 신장을 비롯한 서부개발은 불가피한 사업이 되었고, 이로 인하여 한족의 신장으로의 이주 확산 역시 자연스럽게 이루어지고 있다.

| 위구르인

6장

# Chimerica · Chindia · Chiwan 등의 출현과 같이 세계를 경악시키는 중국 경제

# 1. 중국 경제발전 이야기

Chimerica · Chindia · Chiwan
'Chimerica(차이메리카)'는 'China+America'로 중국과 미국의 경제관계, 'Chindia(차인디아)'는 'China+India'로 중국과 인도의 경제적 협력을 각각 나타내는 말이며, 'Chiwan(차이완)'은 'China+Taiwan'으로 중국과 대만의 단일 공동경제 구상을 나타내는 말이다.

2004년 중국:
교역을 유럽으로 확대. 양에서 질로 승부하며, 이미지 개선을 함.

개혁 · 개방정책에 따라 문호개방을 한 지 30년 동안, 중국 경제는 연평균 8~10% 성장을 이루어 오고 있다. 1990년 아시아 금융위기에도 7% 성장, 1997년 말에서 2000년 사이 IMF 위기에도 8~9% 성장, 2002년 세계적인 불황에도 8%의 성장을 거듭하였다. 그리고 2003년에서 2006년 연속 10% 성장을 달성하였다.

중국의 GDP(Gross Domestic Product: 국내총생산)는 2004년 세계 6위에서 2005년에는 미국 · 일본 · 독일에 이어 4위로 급속도로 성장하였다. 국제무역방면으로는 1980년 세계 32위였던 것이 해마다 고속질주하면서 20년 이후인 2000년에는 7위, 2004년에는 미국과 독일에 이어 세계 3대 무역국으로 부상하였다.

2004년 이전에는 중국의 무역상대국이 미국과 일본이었던 것이 2004년부터는 유럽으로 확대해 가고 있으며, 제품질의 변신으로, 저가의 노동성 중심의 제품에서 첨단과학기술을 요하는 첨단제품의 생산에 비중이 증가되면서 IT와 통신의 수출이 45% 이상 증가되었다. 또한 중국기업은 선진기업으로의 노력을 계속적으로 하고 있으며, 2005년에는 석유화학과 통신분야의 10개 중국기업이 세계 500대 기업에 명단을 등재하였고, 2010년까지 중국의 100대 기업을 세계 500대 기업명단에 등재할 계획을 가지고 있다.

중국 제품은 2000년대 중반부터 이미 우리나라 제품과 경쟁을 겨루고 있고, 중국 제품의 브랜드들(상하이 자동차 · TCLTV · 쭈쟝피아노 등등)이 우리나라 시장으로 진출하고 있다.

중국은 현재 세계 제일의 제조국가,즉 세계최대의 공장이면서 소비시장이 넓고 또 향후 세계 제일의 소비시장으로 전망되고 있기 때문에, FDI(해외직접투자)의 유치는 2003년 미국을 제치고 세계 선두자리를 지키고 있고, 전세계의 FDI를 독차지하고 있다.

2006년 중국은 사상 최고의 무역수익을 올렸고, 무역흑자를 바탕으로 세계 1위 외환보유국에 등극을 하여 외환보유고 규모가 1조 달러를 돌파함에 이어 2007년에는 중국 증시 시가총액 역시 1조 달러를 돌파, 외환과 증시가 모두 1조 달러를 돌파한 최초의 국가이다.

2020년이면 중국의 종합경쟁력이 세계 3위에 도달하여 중국 국민경제발전의 목표인 '샤오캉사회(小康社會: 소강사회)'를 이룰 수 있다고 중국과학원에서는 전망한 바 있다. '샤오캉사회'란 중국 전국민이 기본 의식주는 물론, 상당한 문화적 여가생활을 누릴 수 있는 안락한 사회를 말한다. '샤오캉사회'는, 즉 중국의 국민경제를 말하는 것이지만, 이것은 단순한 국민경제 지표기준이 아니다. 2020년이 되면 중국 인구는 지금 13억보다 훨씬 많은 인구로 팽창해 있을 것이고, 경제발전지역은 50% 이상을 달할 것이며, 고도의 첨단과학 기술력을 지닐 것이며, 현재 세계 최대의 생산지이자 최대의 소비시장 및 현재 이미 상당한 수준의 경제개발을 이룬 연해지역의 경제수준 등등을 감안 한다면, 중국은 '샤오캉사회'를 달성한 후 바로 '선진국사회'가 급속도로 이루어질 것이다.

**중국 · 대만 · 홍콩의 경제관계**

중국의 경제가 현재까지는 홍콩을 의지하였으나, 앞으로는 홍콩이 중국을 의지해야 할 것이다. 그러나 대만과 화교들은 중국에 투자는 하지만, '중국으로 돈이 들어가면 빼내지 못한다'는 우려의 시선을 지니고 있고, 반면 홍콩의 경제정책은 이들에게 "무일푼으로 홍콩에 가서 거금을 벌어서 나와도 돈의 해외유출을 허용하는 곳이 바로 홍콩이다"는 좋은 인식을 심어주고 있어, 중국과 홍콩의 경제 의존상황은 예측하기가 쉽지 않다고 생각되며, 어차피 중국과 홍콩은 제도만 달리할 뿐 모두 하나의 중국임은 틀림없다.

**2019년의 중국:**

2018년 미중 무역 전쟁 이후, 2019년 2월에 미국은 중국 '화웨이' 사용금지 조치, 미국은 우방국과 동맹국에게 중국산 화웨이 사용금지 공포. 그러나 우리나라 경제에서 차지하는 무역 비율은 중국 25%, 미국 12%임.

2000년대에 이르러, 베이징 · 상하이 · 광쩌우 등 연해 경제발전지역은 이미 샤오캉사회의 수준을 넘어섰고, 경제특구인 썬전 등 지역 사람들의 생활수준은 이상 대도시 보다 더욱 높은 생활수준을 누리고 있다.

2015년 중국의 GDP 규모는 일본을 제치고 세계 제2의 경제대국으로, 2050년에는 미국을 추월하여 세계 제1의 경제대국으로 부상할 것이라는 전망이 있었고, 골드만삭스 사(Goldman Sachs)는 2039년경 중국이 미국을 추월할 것이라고 예측하였다.

중국 경제발전 수치에 대한 중국 정부의 공식적인 통계는 정확성이 떨어지며, 중국 정부에서 인위적으로 낮추어 발표한다는 국제사회의 여론을 가만할 경우, 2020년 중국의 '샤오캉사회'는 우리가 상상하는 것 이상의 경제발전을 이룰 확률이 많다.

2010년 현재 중국의 GDP 규모는 이미 일본을 제치고 세계 제2의 경제대국을 이루었다.

# 2. 세계 최대의 중국 소비시장은 어디까지…

미국 · 독일에 이어 세계 3대 수입국으로 자리 매김하는 중국은 현재 세계 최대의 소비대국으로 이미 부상해 있으며, 중국 정부는 국민생활 개선과 소비증대를 위하여 국민소비를 권장하고 있다. 이러한 정책의 일환으로, 농산품의 가격을 높이고 세금을 줄이며, 최저임금을 상향조정하는 등 농가 및 도시근로자의 소득을 향상시켰다.

그밖에 중국의 집중형 장기연휴제도의 도입은 중국 국민들이 연휴기간 마음껏 먹고, 여행하는 소비문화가 형성되었다. 중국 국민의 국내여행은 1990년대부터 활발하게 이루어지기 시작하여 중국 관광산업의 활성화에 일조를 하고 있다. 당시 중국 정부는 자국국민의 관광지 입장료를 외국인과는 차별화하여 받았고, 이에 대한 외국인의 불만이 없지 않았던 것은 사실이다. 그 후 점차적으로 차별 없이 동일가격의 입장료를 실시하게 되었다. 중국의 관광산업은 개혁 · 개방 이후 20년 동안 양적인 팽창과 아울러 질적인 성장을 해왔으며, 다양한 관광산업에서 가장 활발한 발전을 이룬 것은 관광숙박업과 여행업이었다.

부(富)를 누리는 중국인의 수치는 우리나라 총인구 수치에 달한다.

수천만 명의 고소득층과 중산층의 확대에 따라 기본 의식주의 소비를 넘어 선진적인 소비형태를 이루고 있다.

2000년 초반까지 중국의 주요 교통수단의 하나였던 '자전거'가 사라지고 있는 한편, 도로에는 대량의 자동차가 달리고 있다. 자동차를 구입 · 등록하기까지 몇 달이 소요되며, 자동차 타려고 줄을 서 있다고 해도 과언이 아니다. 북경 · 상하이 · 광쩌우 등 대도시의 일부 시내간선도로에서는 자전거와 오토바이의 진입을 금지하거나 일부 자전거 전용도로를 없애는 곳도 있다. 이러한 도로풍경은 자동차의 증가와 동시에 자전거의 감소에 따른 것이라고도 할 수 있지만, 일각에서는 '자전거'는 '가난한 중국인'의 인상을 심어준다는 견해도 없지 않다.

2004년 중국인들은 세계명품시장의 주요고객으로 등장하면서, 골드만삭스 증권회사의 "2010년에는 중국의 명품소비시장은 전세계 명품의 20%를 소비하며, 2015년에는 일본을 제치고 중국이 세계 제일의 명품시장으로 부상할 것이다"는 전망을 앞서 현재 2010년 중국은 세계 제일의 명품시장으로 부상하였다. 2010년 봄, 중국인들은 일본인을 제치고, 우리나라 백화점의 큰손으로 떠올랐다. 우리나라 백화점의 중국 고객소비의 통계를 따르면, 중국인 고객은 일인당 하루 적게는 100만 원에서 많게는 1억까지 소비하며, 대부분 명품에 집중되어 있는 것으로 밝혀졌다. 반면, 일본인들은 우리의 다시마 등 식음료에도 많은 관심을 보이고 있다는 것이다. 따라서 우리나라 백화점에서는 큰손인 중국 고객 잡기에 힘쓰고 있고, 중국 고객들이 좋아할 만한 여러 상품계획을 전략적으로 추진하고 있는 중이다.

# 3. 수입품의 소왕국, 대만을 잡아라

대만은 '아시아의 네 마리 용'이란 말과 더불어 경제선진국이다. 1998년 아시아 금융 · 통화의 불경기에도 불구하고, 대만은 안정성장을 하면서, 아시아 경제의 기적으로 떠올랐고, 전세계로 공급하는 컴퓨터 하드웨어의 90% 이상을 생산하여 컴퓨터 산업 세계 1위에 등극하였다. 수십 년 지속적인 외화보유국의 자리매김을 하였고, 이러한 견고한 외화 보유국인 대만은 아시아 경제위기를 경제도약의 새로운 기회로 삼았다. 우리가 IMF를 겪을 때, 대만은 돈이 너무 많아 사회문제가 유발되기도 하였다.

경제지식 알아두기

1997년 말 IMF 이전까지 '아시아의 네 마리의 용'으로 불린 국가는 한국 · 일본 · 대만 · 싱가포르임.

대만의 경제는 주로 중소기업으로 이루어져 있어, 많은 것을 수입하는 나라 중의 하나다. '수입품 소왕국'이라 해도 과언이 아닐 만큼, 거리에 나가면 외제물건을 볼 수 있다. 우리나라에서는 백화점에서만 볼 수 있는 외국 브랜드 화장품을 대만에서는 버스를 기다리면서 거리의 상점에서도 볼 수 있고, 대만 사람들이 타는 자동차는 거의가 일본차이다.

대만은 자고로 외래문화의 영향을 많이 받아온 가운데, 대만의 마지막 식민통치국인 일본의 대중문화를 특별히 선호한다. 이러한 현상은

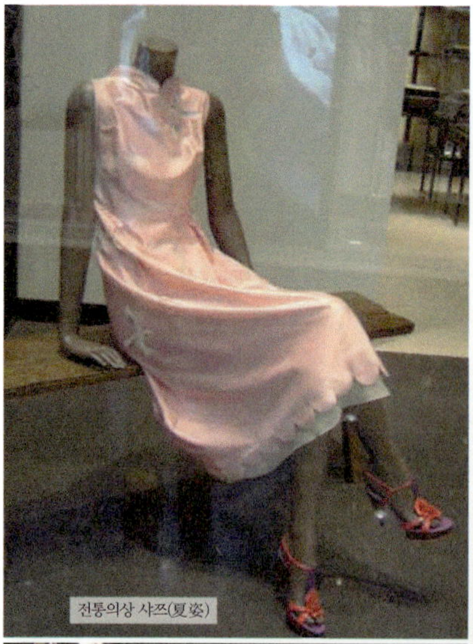
전통의상 샤쯔(夏姿)

타이베이 상가 전경

일월담(日月潭)의 소수민족의 호떡

가오숑 한국음식점

전설속의 원산호텔(圓山飯店) 가오숑 점

젊은이뿐만 아니라, 어른들이나 연로하신 어르신들은 더욱더 일본문화에 젖어 있다고 해도 과언이 아니다. 그러므로 일본제품을 선호하는 것은 당연지사이다. 그러나 우리나라의 자동차기업에서 손만 놓고 있는 것은 바보 같은 일이라고 본다. 앞 전, 미국 등 서방국가에서의 일본 토요타(TOYOTA) 자동차 하자 리콜문제의 발생은, 우리나라에 있어 큰 기회가 아닐까 한다.

# 4. 세계경제를 또 한번 경악시킨 2010년 6월의 'Chiwan(차이완)'출범

중국과 대만은 2010년 6월 29일, 냉전을 거쳐 '양안관계(兩岸關係)'에서 드디어 '경제협력 기본협정(ECFA)'에 서명하므로, 두 나라의 '양안경제'는 '하나의 시장', 'Chiwan(차이완) 시대'를 선포, 장기 단일 경제공동체를 이루었다. 이는 '자유무역협정(FTA)'에 준하며, '일국양제(一國兩制)' 관계인 중국과 홍콩의 '포괄적 경제 동반자 협정(CEPA)' 보다 나은 시장통합인 것이다. 대만은 약 540개, 중국은 270개의 제품이 서로 무관세 혜택을 받게 되는데, 중국은 대만에게 많은 양보를 하였다. 대만은 앞으로 8% 성장이 가능하게 되어 '황금의 시대'가 전개 되는 동시, '국제무대도약'의 발판을 마련하게 된다.

대만은 '세계무역국가'임에도 불구하고, 중국에 의하여, 특히 민진당(民進黨) 집권 8년 동안은 국제무대에서 고립되는 신세가 되었다. 그러나 2008년 국민당 마잉지우(馬英九)의 취임은 양안의 3차 국공합작의 조짐으로 이어져, 대만경제발전과 아울러 대만의 국제무대에서의 자리매김을 달성하게 되었다. 중국은 대만이 '하나의 중국'이란 원칙만 지킨다면, 대만의 '국제도약'에 도움을 줄 것을 약속하였다.

중국 시장에 있어, 우리와 대만은 각각 약 10%와 8.5%를 점유하고 있고, 겹치는 품목도 약 14 종목에 달한다. '대만의 비상'이 우리나라에 미치는 영향에 대한 대책마련이 절실하다.

7장

# 중국인의 시간적 거울, 중국의 대서사시, 역사

- 역사란 무엇인가? 과거의 사실. 해당 국가 또는 민족의 결정체이다. 역사는 교훈을 주고 길을 제시한다. 그러나 모든 역사를 실존의 역사로 간주할 수는 없다. 사실관계가 중요함.

- 중국역사의 특징: 1. 복잡성과 혼란기, 분열, 통일의 반복
  2. 농민이 왕이되는 나라(영웅들의 이야기가 풍요롭다)

중국의 역사, 즉 인류사는 고고학적 자료에 근거하면 약 170만년 전으로, 문자기록에 의하면 약 5,000년 이전 황제(黃帝)로 거슬러 올라갈 수 있다.

### 구석기 시대(약 170만년 전~1만년 전)

#### - 고고학적 자료 의거(고증)

고고학적 자료에 의하면, 중국은 약 170만 년의 인류사를 지니며, 중국 땅에는 170만년 전부터 이미 원시인류가 생활하였음을 알 수 있다. 이는 바로 윈난성 웬모우(雲南省 元謀)에서 발견된 원인(猿人) 화석인 '웬모우인(元謀人)'과 싼시성 난텐(陝西省 藍田)에서 발견된 원시화석인 '난텐인(藍田人)' 등은 중국에서 생존했던 최초의 인류라고 알려져 있다.

| 170만년 전의 웬모우인

| 40~50만년 전의 북경원인

| 산정동인

약 40~50만 년 전 베이징 저우커우덴(周口店) 일대에서 생활하였던 원시인 '베이징 원인(北京猿人)'은 이미 곧바로 서 있을 수 있었고, 간단한 도구와 불을 사용할 수 있었으며, 인간의 기본특성을 갖추고 있고,

두개골 용적이 현대인의 75%, 체형은 현대인과 흡사하다. 동양 인간사의 기원으로 볼 수 있다. 주구점 용골산 정상의 동굴 안에서 인류의 유골이 또 발견되었는데, 지금으로부터 약 1만8천년 전의 원시인류로 추측된다. 산 정상 동굴에서 발견하였다 해서 '산정동인(山頂洞人)'으로 명명되었다.

| 불을 사용하고 있는 산정동인
출처_www.uua.cn/

## 신석기 시대(약 1만년 전~4,000년 전)

### – 문물에 의거(고증)

그 후 중국의 원시인류는 '모계씨족사회'와 '부계씨족사회'의 발전단계를 겪었다. 6,000~7,000년 전의 유물로 황하유역에서 출토된 '앙소문화(仰韶文化)' 즉 '채도문화(彩陶文化)'는 대표적인 모계씨족사회의 유물이며, 1952년 섬서 서안 반파촌(陝西 西安 半坡村)에서 출토된 유적은 바로 당시의 모계씨족부락이었다. 즉 신석기 시대의 농경문화이다.

| 모계씨족사회의 대표인 앙소문화, 즉 채도문화(彩陶文化)
출처_www.zh5000.com

5,000년 전의 유물로, 황하 유역에서 출토된 '용산문화(龍山文化)' 즉 '흑도문화(黑陶文化)'에서는 부계씨족사회의 중요한 특징이 나타나고 있다. 이들 시기의 인류들은 이미 각종 석기를 만들어 사용하였을 뿐 아니라 도자기를 발명하였으며, 수렵과 물고기잡이 이외, 농업 · 축산업에도 종사하였다. 또한 생산력 · 계급분화, 대립과 갈등이 발생되었다. 그 결과 원시사회는 해체되고 노예사회가 탄생되었다. 신석기 시대 후기의 농경문화이다.

| 부계씨족사회인 용산문화, 즉 흑도문화(黑陶文化)
출처_www.sdmuseum.com(산동성 박물원 소장)

역사를 바라보는 눈:
문자기록의 역사는 모두 실존의 역사로 간주할 수 없다. 그 중에는 허구적인 역사도 존재할 수 있다. 고고학, 문물 등의 입증이 필요함. 그래서 역사는 신화, 전설과 구분되어야 한다. 역사를 바라보는 정확한 눈을 가져야 한다.

## 문자기록 의거

성경의 '여호와의 천지창조' 신화가 있듯이 중국에는 '반고(盤固)의 천지개벽' 신화가 있으며, '삼황오제(三皇五帝)'에서 비롯되었다는 것이 통설로 알려져 있다. 그러나 연대를 거론한다면 보통 5,000년 이전인 '황제(黃帝)'를 중국의 시조로 삼기도 한다.

## 삼황

복희씨(伏羲氏)·여와씨(女娲氏)·신농씨(神農氏) 또는 여와씨(女娲氏) 대신 수인씨(燧人氏)로 기록되어 있다. 여와씨는 삼황오제 가운데 유일한 여신(女神)의 모습을 하고 있고, 그가 인간을 창조하였다고 한다. '복희씨와 여와씨'란 도화는 두 사람을 그린 그림인데, 상반신은 두 사람의 모습을 하고 있으나 하반신은 하나의 '용(龍)' 꼬리 모양을 하고 있다. 복희씨와 여와씨는 남매이면서도 부부인 것이다. 중국인들은 자신들은 '용의 후예(龍之傳人)'라고 하며, 용을 숭배한다. 그러므로 용 조각이든 그림은 중국에서 쉽게 볼 수 있다. 특히 '구용벽(九龍壁)'은 이곳저곳에서 많이 볼 수 있는 '중국만의 독특한 벽'이다.

| 구용벽

| 복희씨와 여와씨 도화
출처_cul.shangdu.com/...

기록에 따르면, 복희씨는 팔괘와 중국문자인 한자를 만들었다고 전하며, 신농씨는 농사짓는 법을 알아 사람들에게 농사짓기를 가르쳤다고 전한다. 삼황시대의 기록은 역사보다는 일종의 신화와 전설에 가깝다. 그러나 후세인들에 의하여 가공된 부분도 다소 존재하지만, 완전 허구적인 것은 아니다. 구석기와 신석기 시대의 원시인류사회의 초기를 반영하였다고 볼 수 있다.

## 오제

황제(黃帝)·전욱(顓頊)·제곡(帝嚳)·제요(帝堯)·제순(帝舜)을 말하며, 황제시대는, 5,000년 이진, 원시사회 말기로 볼 수 있다.

## 황제

황제시대 중국 황하유역에는 많은 씨족부락과 종족들이 살고 있었다. 황하 유역 중부지역에는 황제를 수령으로 하는 종족과 염제(炎帝)를 수령으로 하는 종족이 있었는데, 황제와 염제는 여러 종족의 맹주(盟主)자리를 놓고 3번의 싸움 끝에 황제가 승리를 거두었다. 그러나 황하 하류에 거주하던 치우(蚩尤)가 도전해오므로, 황제는 또 치우와의 전쟁을 치르게 되었고, 황제와 치우의 싸움에 대한 이야기는 많이 전해지고 있다. 황제에게는 그를 도와주는 맹수·귀신·부족이 있었지만, 치우의 비를 내리고 안개를 피우는 재주 앞에서는 속수무책이었다. 황제는 고민 끝에 지남차(指南車)를 발명하여 안개 속에서 빠져 나와 응룡(應龍)이란 신룡(神龍)으로 하여 비를 내리게 하였다. 치우는 또 우사(雨師)와 풍백(風伯)을 시켜 강한 비바람을 몰아치도록 하여 황제의 군대를 사방으로 흩어지게 하였다. 황제는 자신의 딸 발(魃)을 시켜 가뭄을 내리게 하여 마침내 치우가 투항해 왔고, 치우는 결국 죽음을 당하였다. 황제의 이러한 명성을 들은 부족들은 황제를 제왕으로 추대하였다. 황제는 옷 짜고 집짓는 법을 발명 사람들에게 전수하였고, 약초로

**중국의 신화 알아두기**

중국의 전통종교인 유교가 허구적인 차원보다 현실생활에 근거를 두는 것과 같이 중국의 신화는 희랍신화 등 서방국가의 신화에 비해 초라할 정도로 신화가 풍부하지 못하다. 이는 유교의 창시자이며 실질논자인 공자에 의하여 산거되었기 때문이다.

사람들의 병을 치료하는 등 중국 말기 원시인류사회에 문화를 심어다 준 최초의 제왕으로 전하고 있다. 그러므로 중국인들은 그를 숭배하고 그를 중화민족의 시조(始祖)로 불리게 되었다. 이 또한 역사로 보기는 힘든 신화와 전설로 보아야 하지만, 완전 허구로만 볼 수도 없는 이야기이며, 신석기시대의 문명을 반영한 것이라고 볼 수 있다.

### 요(堯)와 순(舜)

두 임금의 시대는 '요순시대'로 불리며, '이상적인 정치'의 대명사로, 요와 순은 중국 후세 제왕들이 높이 숭앙하는 이상적인 정치의 실현자이다. '요순'은 '선양정치(禪讓政治)'를 실현하였는데, '선양정치'란 왕위를 당대 인품과 지혜 · 재능을 갖춘 현명한 자에게 계승시키는 정치를 말한다. 요임금은 순의 한결같은 효심과 인물됨을 높이 평가하여 왕위를 순에게 물려주었고, 순임금은 요임금 때부터 황하의 범람으로 나라의 우환거리가 된 홍수문제, 치수사업을 뼈를 깎는 노력과 지혜로 성공시킨 우(禹)에게 왕위를 물려주었다.

## 하(夏)왕조(약 기원전 21세기~기원전 16세기 전)
## – 문자기록 의거(후세의 기록)

순임금으로부터 왕위를 계승하게 된 우임금은 하(夏)왕조를 세웠다. 중국의 첫 왕조가 탄생되었으며, 요와 순 임금이 실천하였던 이상적인 정치인, 선양정치는 하 왕조에 이르러 그 맥이 영원히 단절되어졌다. 하 왕조는 자식에게 왕위계승을 하는 '왕위세습제'를 확립하였고, 주권자가 지배하는 계급사회로 진입하게 되었으며, 석기시대에서 청동기시대로 넘어가는 시대로 청동기를 많이 주조하였다.

마지막 임금 걸(桀)은 각종 건축물의 증축으로 백성들을 힘들게 했고, 주변 종족과 전쟁을 일으켰다. 특히 중국역사상 '주지육림(酒池肉林: 술로 채워진 연못과 고기로 채워진 숲)'의 장본인이었다. 그는 총애하는 애첩의 제안에 따라 '주지육림(酒池肉林)' 공사를 강행하여, '주지육림(酒池肉林)'의 방종하고 사치스러운 생활을 누렸다. 그러자 백성들의 원성을 사게 되었다. 한편, 상족(商族)의 장인 탕(湯)은 후덕하여 백성들이 그를 따랐는데, 하 왕조 걸은 결국 상족 탕에게 멸망되었다.

기존의 하 왕조 역사는 단지 구전(口傳)에 의한 후대의 기록을 근거한 것이며, 하 왕조의 존재를 입증할 수 있는 그 시대의 실질적인 문자기록 자료나 고고학적 증거물은 아직 발견된 것이 없다.

## 상(商)왕조(약 기원전 16세기~기원전 11세기 전) – 문자기록 및 갑골문(甲骨文) 및 유물 의거

### –19세기 말 이후, '전설 속의 나라'가 아닌 '실존의 나라'로 입증 됨

상왕조의 조상들은 산동과 하북 남쪽에서 하남지역으로 이동하여, 상왕조를 세웠다. 19대 임금 반경(盤庚)이 지금의 하남성(河南省) 안양현(安陽縣) 소둔촌(小屯村)으로 도읍을 옮긴 후, 왕조명을 은(殷)왕조로 바꾸었으며, 쇠퇴해 가는 왕조의 기운을 전환시켰다.

은왕조 마지막 임금 주왕(紂王)이 젊은 시절에는 총명하고 군사적 재능이 있어, 동이족을 평정하고 양자강 유역까지 은나라의 문화를 전파시켰다. 그러나 점차 주색에 빠져 하왕조 걸왕처럼 '주지육림(酒池肉

林)'의 생활을 하였고, 이러한 사치스럽고 호화스러운 생활에 빠지게 한 여인은 당시 주(周) 제후국이 주왕에게 바친 미녀 달기(妲己)였다. 그는 또 잔혹한 형벌로 제후와 백성들의 불평불만을 억누르고 다루었는데, 그 형벌이 바로 포락형(炮烙刑)이다. 이 형벌은 붉게 달군 구리 위를 맨발로 걸어가게 하는 형벌이다. 주왕은 자국 백성들의 민심을 잃은 동시, 800에 달하는 제후들이 주왕을 토벌하기를 원하였다. 그럼에도 불구하고, 주왕은 반성은커녕 왕자를 죽여 심장을 난도질하기에 이르렀고, 민심은 건잡을 수 없이 흉해져, 마침내 상나라 서쪽에 위치한 제후국 주(周)의 발(發) 무왕(武王)이 주왕을 멸망시켰다.

상나라 주왕과 하나라 걸왕은 '중국 폭군의 대명사'로 불리고 있다.

청나라 말(19세기 말) 상나라의 도읍인 현 소둔촌에서 은(殷)왕조 때의 문화를 나타내는 유물과 유적이 대량 출토되었는데, 그 중 갑골문(甲骨文)이 발견됨으로써, 마침내 3,000년 전 상나라의 존재가 입증되었고, 상나라의 역사가 사실로 밝혀지게 되었으며, 중국역사에서 '실존의 나라'로 부각되었다. 그러므로 이곳을 또 '은허(殷墟)'라고 한다. 19세기 말에 이르기까지, 상나라는 하나라와 함께 '전설 속의 나라'로 추정할 수밖에 없었다. '은허의 발견' 특히 '갑골문(甲骨文)의 발견'은 중국역사에 큰 공헌을 세웠고, 더 나아가 하나라 역사의 고고학적 자료 발굴에 큰 기대를 갖게 하였다.

### 갑골문

짐승 뼈와 거북의 등껍질에 새겨진 문자, 한자를 말한다. 갑골문은 한자 조자(造字)의 6가지 원칙인 육서(六書)를 모두 갖추고 있는 고대 문자이다. 갑골문은 상나라의 역사를 입증할 뿐 아니라, 한자의 기원, 한자 변천사, 육서 등 '중국문자학', 즉 '한자학'에 있어서도 값진 자료가 되며, 크나큰 공헌을 하였다.

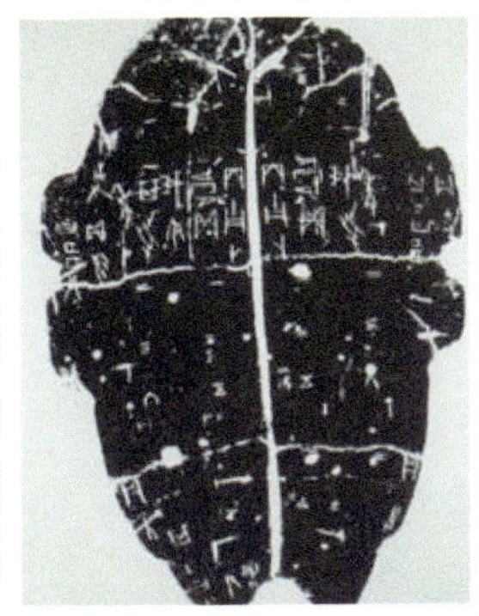

| 상 왕조를 '실존의 나라'로 밝혀준 갑골문

## 갑골문의 보진

3,000년 이상 유지될 수 있었던 것은, 부패가 안되는 거북의 등껍질과 짐승 뼈에 새겨졌기 때문이다. 그러나 상나라 사람들이 후세에 전하기 위한 목적으로 부패되지 않는 갑골을 사용하였던 것은 아니다.

**갑골문을 보약으로 먹은 중국인들**

갑골문의 최초발견자는 전해지고 있지 않다. 초기 발견한 사람들은 갑골문을 용골(龍骨), 즉 '용 뼈'로 생각하였고, 쉬쉬하면서 고가의 한약재로 한약방으로 팔아 넘겼다. 이렇게 얼마의 갑골문이 발굴, 팔려나갔는지 알 수 없다.

## 갑골문의 용도

점을 치기 위한 것이었다. 그러므로 '갑골문'을 또 '복사(卜辭)'라고 한다. 상나라 시대는 귀신을 숭배하는 시대이었으므로, 국가의 대소사(제사 · 사냥 · 전쟁 등등)를 추진하기 이전 모두 점을 쳤고, 점괘에 따라 추진을 하였다. 보통 거북이 등에 추진할 대소사를 문자로 새겨, 불을 가하여 거북의 껍질 위에 갈라지는 틈(무늬)의 방향에 따라 길흉을 점쳤다.

갑골문 발견초기에는 이 귀중한 유물을 알아보는 사람이 없었다. 1899년에 와서야 문자학자에 의하여 그 가치를 인지하게 되었고, 출토장소를 알아내어 본격적으로 발굴 · 연구되어 오늘날까지 그 작업은 이루어지고 있다. 지금 10만 여 개의 갑골문이 발굴되었다.

**후세 귀감이 된 주공(周公)**

주공은 법도(法度)와 예악(禮樂)을 제정 주나라의 기틀을 다졌고, 무왕이 죽자 어린 성왕 대신 7년이나 섭정을 한 뒤, 정권을 성왕에게 돌려주고, 그의 신하로 돌아와 성왕을 보필하고, 관료제를 정하고, 봉건제와 종법제를 실시하여 천자국과 제후국의 연계를 강화시키는 등 많은 업적을 남겼으며, 후세 귀감으로 남아 있는 인물이다. 중국인들은 "夢見周公(꿈에서 주공을 만나다)"란 말이 있을 정도다.

## 주(周)왕조(기원전 11세기~기원전 771년) – 서주(西周)와 동주(東周)

주(周)나라 시조의 성은 희(姬), 이름은 기(棄)이며, 요순시대 농업을 관장하는 후직(后稷)이란 벼슬을 하였다. 그 후 11대 손인 고공단부(古公亶父)에 이르러 기산(岐山)에서 주(周)란 제후국의 기틀을 갖추었다. 그는 그의 세 번째 아들이 낳은 창(昌)이란 손자의 인품과 지혜를 마음에 두고, 왕위를 셋째에게 물려주었다. 그 후 창 서백(西伯)이 영주가 되었고, 그는 상나라 주왕과는 달리 인덕을 쌓고 어질기로 이름이 난 인품으로, 주를 성장시켜 가는 가운데, 위수(渭水)에서 강태공(姜太公)으로 불리는 태공망(太公望) 여상(呂尙)을 얻게 되는데, 여상은 주나라 기틀 마련의 결정적인 역할을 한 인물이다.

서백이 죽고, 그의 아들 발(發)이 뒤를 이어 아버지 서백을 문왕(文王)으로 추존하였는데, 그가 바로 주무왕(周武王)이다. 그는 여상을 사부로 모셨으며, 한편 무왕의 동생 주공(周公) 단(旦)은 형을 지혜롭게 보좌하였다. 무왕은 즉위한지 11년 이후, 상나라 임금인 주(紂)왕을 정벌하기에 이르렀는데, 상나라 백성들과 군인들은 주무왕이 자신들의 임금인 주왕을 정벌해 주기를 기대하였다. 상나라의 군대가 숫자적으로 우세하였지만 결국 멸망되었고, 주무왕은 주(周) 나라를 세웠다.

천자가 된 주무왕은 호경(鎬京: 현 섬서성 서안 서남쪽에 위치)으로 도읍을 옮기고, 주왕조의 기반이 되는 봉건제(封建制)를 실시하여 봉건사회를 이루었다. 여상은 제(齊) 땅에, 주공은 노(魯) 땅에 봉하는 등, 공신과 친족들에게 서열에 따라 토지를 봉했다. 봉건제(封建制)는 또 종법제(宗法制)를 통하여 더욱 공고해졌다.

종법제는 주나라 본처가 낳은 장자만 왕위를 계승하는 제도로, 장자

이외의 아들들은 제후로 봉해지며, 제후국 역시 제후의 본처의 장자가 제후를 세습하게 되며, 기타 아들들은 대부(大夫)로 봉해진다. 왕조의 기반을 견고하게 하기 위한 봉건제와 종법제는 시간이 흐르면 흐를 수록 천자와 제후들 간의 혈연관계가 멀어져 점차 붕괴되어 쇠퇴해져 갔다.

### 백이(伯夷)와 숙제(叔齊) 이야기

백이와 숙제는 은나라 주왕시대 고죽국(孤竹國) 왕자들이었다. 아버지는 숙제가 자신의 뒤를 잇기를 원했다. 아버지가 죽자, 숙제는 형 백이에게 자리를 양보하였지만 백이는 거절하고 국경 밖으로 떠나자, 숙제도 따라 떠났다. 그러므로 둘째가 자리를 이어 받았다. 백이와 숙제는 인덕이 많기로 이름이 난 서백을 찾아 제후국인 주를 찾았지만, 서백은 죽고, 무왕이 상나라 주왕을 토벌하러 가는 길이었다. 그 둘은 무왕의 말고삐를 잡고 "신하가 어찌 천자를 토벌할 수 있느냐"며 간언을 하였다. 군사들이 그들을 죽이려고 하자 여상은 그들은 의로운 사람이다고 하면서 그들을 보내주었다.

그들은 주는 인도와 천도를 저버린 나라이니 주나라의 곡식을 먹지 않겠다는 각오로 수양산으로 들어가 고사리만 먹다가 굶어죽었다는 고사이다.

## 춘추전국(春秋戰國) 시대(기원전 770년~기원전 221년)

13대 임금 평왕(平王)은 견융(犬戎)의 침략을 피해 낙양으로 도읍을 옮기게 되는데, 이를 분기점으로, 이 이전을 서주(西周), 이후를 동주(東周) 또는 춘추전국(春秋戰國) 시대라 한다. '추춘'은 공자의 ≪춘추(春秋)≫라는 역사책에서 유래되었으며, '전국'은 유향(劉向)의 ≪전국책(戰國策)≫이라는 서명에서 유래되었다. 춘추시대는 천자국인 주 왕실이 쇠약해져 제후국들이 패권을 다투는 시대가 되어버리지만 그나마 약한 천자국에 대한 존경심을 갖는 패자도 존재하였다. 그러나 전국시대에 이르러서는 오직 '힘과 힘의 대결'만이 존재했던 시대였다.

이러한 혼란의 춘추전국시대에는 많은 철학가 · 사상가들이 출현하게 되어, '백가쟁명(百家爭鳴)'의 시대가 전개되었으며, 이러한 '제자백가(諸子百家)'의 철학은 중국 전통사상을 이루었고, 인류사상의 보고(寶庫)가 되었다.

### 춘추시대의 '춘추오패(春秋五霸)'

춘추시대 때 세력이 가장 강한 5개의 제후국, 즉 제(齊)나라 환공(桓公) · 진(晋)나라의 문공(文公) · 초(楚)나라의 장왕(莊王) · 진(秦)나라의 목공(穆公) · 송(宋)나라의 양공(襄公) 을 말한다. 그러나 진의 목공과 송의 양공 대신 남쪽의 오(吳)나라의 부차(夫差)와 월(越)나라의 구천(句踐)을 말하기도 한다.

제환공(齊桓公)은 주나라 건국의 일등공신인 여상의 13대 후손 희공(僖公)의 셋째 아들로, 포숙아(鮑叔牙)와 관중(管仲)의 보필로 '춘추오패' 가운데 맨 처음 '중원(中原)의 패자(霸者)'가 되었다.

#### '관중과 포숙아' 또는 '제환공과 관중'의 이야기

제환공의 이름은 소백(小白) 이며, 위로 제아(諸兒)와 규(糾) 두 형이 이었다. 아버지 희공이 죽자 제아가 왕위에 올라 양공(襄公)이 되었다. 양공의 난폭한 성격을 두려워 한 소백과 규는 각각 거(莒)나라와 노나라로 망명을 하였다. 규 옆에는 스승인 관중(管仲)이, 소백에게는 스승 포숙아(鮑叔牙)가 있었다. 그 후, 제나라는 무정부상태에서 신하들은 소백을 후계자로 삼기를 결정하였다. 규도 고국의 소식을 듣고, 순서대로라면 본인이 왕위에 올라야 한다고 생각한 그는 어머니의 나라인 노나라의 군력을 빌려 제나라로 길을 떠났다. 그러나 소백이 망명하고 있는 곳은 제나라와 가깝기 때문에, 규에게 불리하였다. 규의 스승 관중은 소백이 귀국하는 길에 매복해 있다 소백의 복부에 화살을 명중시켰다. 그러나 그 활은 소백의 쇠고리로 만든 허리띠를 맞혔던 것이었다. 소백이 죽은 줄로만 알고 제나라에 도착한 규와 관중은 결국 소백이 이끄는 제나라 군대와 공방전이 벌어졌으며, 결국 규는 죽었고, 관중은 포로가 되었다. 포숙아와 관중은 '관포지교(管鮑之交)'의 고사가 있듯이 두 사람은 절친한 친구관계에서 각자 모시는 군주에 의하여 서로 대립되는 관계가 되었던 것이다. 그리고 소백이 바로 제환공이다. 환공은 자신을 살해하려고 한 관중을 처형하려고 하자, 포숙아는 "군주께서 천하의 패자가 되고자 하신다면 그 일을 해낼 사람은 관중뿐이다"고 간언하였다. 결국 관중은 포숙아의 천거로 포숙아보다 높은 지위에 올라 일국의 재상이 되어, 제환공을 최초의 패자로 보필하였다.

진문공(晋文公)인 중이(重耳)는 계모를 피해, 43세부터 타국에서의 19년 망명 생활 끝에, 진(秦) 나라 목공(穆公)의 도움으로 고국인 진(晋)나라로 돌아와 대부들의 추대로 왕위에 올랐는데, 그때 그의 나이 62세였다. '진문공과 개자추(介子推)'의 고사(故事)는 '한식절(寒食節)'의 유래가 되었다. 그는 고령에다 9년에 불과한 짧은 즉위기간에 진나라를 북방의 강대국으로 만들었으며, 기원전 632년 초나라와의 전쟁에서 초나라를 대패시킨 후 중원의 패권군주가 되었다. 진(晋)나라와 초나라는 100여 년의 전쟁이 지속되었고, 결국 초장왕(楚莊王)이 진을 물리치고 진(晋)에 이어 '중원의 패권군주'가 되었다.

**중국의 병법서**

≪손자병법(孫子兵法)≫은 그 유명한 중국의 병법서이자 세계 최초의 병서이다. 춘추시대 말 오(吳)나라의 무장 손무(孫武)가 지었다. 이로부터 100년 이후, 전국시대 제(齊)나라의 군사(軍師)인 손빈(孫臏)은 ≪손빈병법≫을 지었다. 그는≪손자병법≫의 군사사상을 계승 발전시킴은 물론, 전국시대의 전쟁경험을 통해 새로운 관점을 제시하였다.

진목공(秦穆公) 역시 동쪽의 패권 군주가 되고 싶었지만, 성공하지 못하고 서쪽으로 영토를 확대하여 서쪽의 패권군주로 자칭하였다.

초장왕이 죽자 중원의 패자가 될 제후가 나타나지 않았고, 제(齊)와 진(秦)이 동 · 서로, 초(楚)와 진(晋)이 남 · 북으로 대치되는 시대로 접어들었다.

오(吳)와 월(越)은 양자강 하류에 있던 조그만 나라였지만, 중원이 무패자(無覇者) 시대로 접어들자 패권다툼에 끼었고, 양자는 여러 번의 전쟁을 통해 승부를 서로 주고받았다. 오나라에는 초나라에서 망명해 온 오자서(伍子胥)와 병법서(兵法書)로 세계적으로 유명한 ≪손자병법(孫子兵法)≫의 저자 손무(孫武) 등이 있었다. 기원전 494년, 월나라는 대패하였다. 오자서는 이번 기회에 월나라를 없애려고 하였지만, 오왕 부차는 월왕 구천이 자신의 신하가 되고, 구천의 아내가 자신의 첩이 된다는 제안을 수용하였다. 월왕과 그의 참모인 범려(范蠡)는 3년간 오왕 부차의 노복이 되어 일한 후 월나라로 돌아가게 되었다. 고국으로 돌아간 구천은 굴욕을 씻기 위하여, 때마다 쓴 쓸개를 먹으면서 다짐을 하였다. 그 후, 귀중한 보물을 오나라에 헌납하고, 오나라를 도와 출전하는 한편 월나라 미녀 서시(西施)를 오왕에게 바쳤다. 월왕 구천은 10년의 '와신상담(臥薪嘗膽)' 끝에, 마침내 오나라를 멸망시켰고 춘추시대의 마지막 패권군주가 되었다.

한편, 공신인 범려는 오히려 친구에게 자신의 심경을 전하는 편지를 남기고, 스스로 가산을 챙겨 그의 일족과 배를 타고 바다로 떠났다. 그의 이러한 처신과 편지내용에서 유래된 것이 바로 '토사구팽(兎死狗烹)', 즉 토끼를 잡은 후에는 사냥개를 삶아먹는다는 고사이다. '와신상담(臥薪嘗膽)', 즉 가시나무 위에서 자고 쓸개를 먹는 이야기 역시 오왕 부차와 월왕 구천의 이야기에서 유래되었다.

## 전국시대의 '전국칠웅(戰國七雄)'

춘추시대의 진(晋)나라는 기원전 453년에 위(魏) · 조(趙) · 한(韓)으로 분열되어 기원전 403년에 천자국인 주왕실로부터 각각 독립된 나라로 인정되면서 전국시대가 전개 되었다. 전국칠웅은 전국시대의 위(魏) · 제(齊) · 진(秦) · 조(趙) · 한(韓) · 초(楚) · 연(燕) 등 7개 나라를 말한다.

## 위(魏)나라

오기(吳起)라는 명장이 있어, 칠웅 가운데 가장 먼저 패권국가가 되었다. 위나라는 서쪽의 진나라를 격퇴 황하 서쪽 땅을 차지 진나라의 동쪽 진출을 견제하고, 동쪽의 제나라를 공략하여 제나라 땅을 차지 제나라의 서쪽 진출을 저지하고, 북쪽의 조나라 수도 한단(邯鄲)을 공격하고, 남쪽의 초나라를 공략하여 황하 이남의 땅을 차지하였다.

## 제(齊)나라

병법가인 손빈(孫臏)이 있었다. 중국 역사상 그 유명한 '위나라를 에워싸 조나라를 구한 제나라 이야기'와 '마릉(馬陵)전투'는 모두 손빈의 지휘 하에서 당시 패권국가였던 위나라를 대파하고 제나라의 승리로 이끈 것이다. 이 두 번의 전쟁으로 제나라는 위나라를 물리치고 중원의 패권국가로 부상하였고, 이때가 전국시대 중기이다.

## 진(秦)나라

기원전 361년, 효공(孝公)이 즉위한 후, 상앙(商鞅)을 등용하였다. 상앙은 법가(法家)사상을 바탕으로 부국강병을 위한 법률제도, 즉 법질서

**'위나라를 에워싸 조나라를 구한 제나라 이야기'와 '마릉(馬陵)전투' 이야기**

위나라가 조나라 수도를 함락시켰으나, 위나라가 비어 있었고, 제나라 손빈은 위나라 수도를 공격하였다. 이 소식을 들은 위나라 군대는 조나라에서 철수하였다. 손빈은 매복하였다가 회군하는 위나라 군대와의 일전 끝에 승리하게 되었다.
2년 후, 위나라가 한나라를 공격할 때, 제나라는 또 후퇴하는 계략으로 위나라 군대를 하남성 마릉으로 유인해 위나라를 또 대파시켰다.

**효공이 죽은 후, 상앙의 운명**

상앙은 그의 변법에 강력하게 반대하는 귀족들과 설전을 치루며 그들의 말에 반박하였다. '상앙설전도(商鞅舌戰圖)'도 후세에 전하고 있다. 그밖에 그는 또 변법에 반대하는 태자의 두 스승을, 한 명은 코를 베었고, 한 명은 중국 5대 형벌의 하나인 얼굴에 묵형, 즉 바늘로 찔러 새긴 글자에 먹물이 배어들게 하는 형벌을 처하였다.
진 효공이 죽자, 상앙은 귀족들에 의해 역적을 꾀했다는 죄명으로, '거열형(車裂刑)', 즉 머리와 사지를 다섯 대 마차에 묶은 후, 다섯 방향으로 달리게 하여 육신을 찢어 죽이는 잔인한 형벌에 처해졌다.

**굴원의 시**

위대한 걸작 '이소(離騷)'와 '어부사(漁父辭)' 등 굴원의 시는 그의 제자 송옥(宋玉) 등 후대 작가와 함께 '초사(楚辭)'에 실려 있지만, '초사'는 대부분 그의 시로 이루어진다. '초사'는 중국최초의 시가집인 '시경(詩經)'에 이어 새로운 형식을 창출한 시가집이다.

의 개혁인 변법(變法)을 실현하니, 경제가 발전되고, 국력이 강화되었다. 진나라는 차츰 강성해져 동쪽으로 세력을 넓혀 갔으며, 중원의 강대국이 되었다.

6국은 진나라에 대해 속수무책이었고, 연합정책으로 진나라를 대항하였지만, 진나라 역시 그들 사이를 이간질시켰다. 진나라와 당시 초나라는 두 강국으로 대립되는 상태에서 다른 5국은 자신들의 이익을 좇아 진나라 편에 또는 초나라 편에 서기도 했다. 그러므로 '조진모초(朝秦暮楚)'란 고사성어가 유래되어, '주관 없이 이랬다저랬다 하는 것'을 뜻하기도 한다.

## 초(楚)나라

초나라에는 굴원(屈原)이란 인물이 있었다. 굴원(기원전 340-278)은 2,300여 년 전 전국시대 초나라의 충신이자 애국시인이었는데, 간신배들의 모함을 받아, 오랫동안 유배생활을 하였다. 그가 강남땅을 방황하면서 그의 비통한 심정을 시(詩)로 나타내었으며, 위대한 걸작 시(詩) '이소(離騷)'와 '어부사(漁父辭)'를 탄생시켰다. 기원전 278년 초나라 수도인 영(郢)이 진나라에게 함락되자, 비통한 나머지 지금의 호남성 미뤄(汨羅)강에 투신자살했다. 이날이 바로 음력 5월 5일이었다. 그 후, 이날은 중국의 전통명절인 단오절이 되었으며, 굴원은 이 명절과 그의 시를 통하여 오늘날까지 중국인 마음속에 살아 있다. 중국인들은 이날을 '중국인의 죄악을 씻는 날'로 여기므로 더욱 의미가 깊은 명절이 되었다.

그 후 진(秦)나라에는 정(政: 기원전 259~210)이 군주가 되었는데, 그가 바로 진시황(秦始皇)이다. 진왕 정이 즉위할 당시 그의 나이는 13세에 불과하여, 그의 모친과 장양왕(莊襄王)의 승상이었던 여불위(呂不韋)가 정사를 일임하다가 정이 22세 성인이 되자 손수 정사를 보았다.

그는 기원전 230년을 시작, 10년 동안 한 · 조 · 위 · 연 · 초 · 제 등 6국을 차례로 명말 시켜, 기원전 221년, 200여년 동안 지속되어졌던 전국시대의 막을 내리고, 중국을 통일시켰다. 당시 그의 나이는 39세였다.

## 진(秦) 왕조(기원전 221년~기원전 207년)
### – 중국 최초의 통일국가
### – 중국 최초의 황제–진시황(秦始皇)

중국 최초의 통일국가를 이룬 진왕 정은 스스로 '시황제(始皇帝)'라 칭하며 중국 최초의 황제가 되었고, 법가(法家)를 통치학설 · 건국이념으로 세워, 선진(先秦)의 법질서의 개혁을 단행, 중국 최초의 강력한 중앙집권체제를 확립하였다.

그는 엄격한 법질서를 통하여 국가를 통제, 화폐와 도량형(길이 · 용량 · 중량) 등을 통일하고, 황무지 개간을 장려, 소농을 보호, 토지매매의 자유화 등을 단행하므로, 경제와 산업을 발전시켰다.

소전체(小篆體)로 문자통일, 즉 한자자형을 통일시켜 전국에 통용하도록 하였다. 문자의 통일로 각 지역의 문화교류가 활발해졌다.

또한 북쪽 흉노족(匈奴族: 현 몽고)을 격파, 만리장성을 쌓아, 북방을 안정시켰고, 남쪽의 영토를 넓혀 동쪽과 같이 바다에 이르렀다.

| 노벽

**진시황과 불로초 그리고 일본**

기원전 219년, 신하 서복은 불로초 행방을 알아내어, 60척의 배와 3천 명의 동남동녀(童男童女), 5천 명의 수행군을 이끌고 중국 동쪽으로 불로초를 찾아 길을 떠났다. 제주도 서귀포에 서복의 흔적이 남아 있으나, 중국 ≪사기(史記)≫에는 일본에 대한 기록만 있다. 이들은 일본이란 땅을 발견하고는 그곳에서 정착하였고, 진나라로 돌아가지 않았다. 그러므로 일본인은 진시황의 후예란 설도 전해지고 있다.

**진시황의 죽음에 대한 3가지 설**

일각에서는 ① 이세황제(二世皇帝)가 된 둘째 아들이 형을 죽이고 아버지도 죽였다는 살해설이 있고, ② 시황제는 유년 때부터 질병이 있어, 장거리 여행길에 피곤이 누적되어 뇌상으로 사망하였다는 설이 있지만, ③ 서복과 3천 동남동녀가 돌아오지 않자, 진시황은 불로초에 대한 집착이 더욱 심해졌는데, 의원이 받친 약초를 먹은 후, 피부가 탱탱해지고 몸이 건강해져, 시황제는 이 약에 더욱 집착하게 되었는데, 이 약은 독성의 금속 수은이었다고 한다. 수은은 그 당시 금과 은처럼 귀중했고, 고대 중국이나 서양에서는 약재로 사용하였다고 한다. 사기에 의하면, 시황제는 수은 강을 만들었고, 진시황의 지하궁전 지표면에서 사기에서 기록되어 있는 수은이 발견되었다고 한다. 그러므로 과다한 수은에 의하여 병증이 발생, 난폭해지고, 유생들을 생매장하고 결국에는 죽었다고 한다.

진시황은 이상과 같이 많은 업적을 세운 반면, 백성들의 고통을 헤아리지 않고, 4대 불가사의의 만리장성을 비롯한 대규모 공사를 강행하였다. 특히, 90일 동안 불탄 그의 호화궁전 아방궁(阿房宮)·세계 8대 기적의 하나, 지하군대인 병마용(兵馬俑)과 지하궁전인 진시황릉은 현대에 이르러 큰 공적으로 남아 있지만, 그의 이러한 행적은 단지 그 자신만을 위한 잔혹한 통치에 불과하였으며, 만리장성은 또 '세계에서 가장 긴 무덤'이다. 그러므로 역사는 그를 폭군으로 전하고 있다.

중앙집권 형태의 통일국가를 구축하고 정치비방을 막기 위하여, 진나라 승상 이사(李斯)는 진나라 역사 이외의 서적들은 모두 없애기를 제안하였고, 진시황은 그의 제안대로 의약·농사 등 실용적인 책 이외 역사서와 제자서(諸子書)를 모두 불태웠고, 이를 반대하면 비방을 하는 유생 460명을 생매장하였다. 역사는 이 사건을 '분서갱유(焚書坑儒)'라 한다. 당시 유생들은 이러한 서적들을 공자 자택 벽과 벽 사이에 숨겨 놓았는데, 후세에 와서 발견되었다. 그리고 이 벽을 노벽(魯壁), 벽 사이에 숨겨진 고서(古書)를 '벽중서(壁中書)'라고 칭한다.

또한 그는 황제가 된 후, '불멸의 나라'를 통치하려고 하였지만, 중앙집권의 통치를 하면서 암살의 위협을 느끼기도 하였다. 그는 또 '장생불로' 하기를 바란 나머지, 그 유명한 '불로초(不老草)' 이야기가 유래되었다. 그러나 진나라는 15년의 역사에 불과하며, 그는 황제 즉위 11년 만인 기원전 210년에 50의 나이로 순행길에서 죽었다. 그의 죽음에 대한 설은 아직도 분분하다. 그는 결국 역사 속의 '불멸의 존재'가 되었다.

기원전 210년 진시황이 죽자, 그의 둘째 아들 호해(胡亥)가 진나라 2세황제(二世皇帝)가 되었다. 그는 아버지 진시황을 보고 자란 탓인지 매우 잔인한 왕이었다. 그러므로 진나라는 진시황에 이어 백성들의 원망이 극에 달하여 사회는 혼란스러워졌다. 결국 중국 역사상 '최초의 농민봉기'가 일어났다. 이것이 '진승(陳勝)과 오광(吳廣)의 봉기'이다.

## 중국 역대 최초의 농민봉기

2세황제가 즉위한 이듬 해, 900여 명의 변경을 수비하러 길을 떠난 농민들이 지금의 안휘성에서 큰 비로 인하여 발이 묶여 기일 내 도착하지 못하였고, 이는 진나라의 법에 따르면 시형형이었다. 그들은 죽음에서 벗어나려고 하였고, 진승과 오광은 압송하던 관리를 죽이고, 농민봉기를 일으켰다. 그들은 빠른 속도로 세력을 확장해 나갔고, 진의 수도 함양(咸陽) 가까이에 왔을 때 봉기군은 수십만 명에 달했다. 2세황제는 군대를 소집할 여유가 없어, '여산릉묘(廬山陵墓)'를 건설 중인 인부 수십만을 동원하였지만, 봉기군을 물리쳤다. 이렇게 중국 최초의 농민반란은 반년 만에 진압되었고, 진승과 오광은 모두 배신자 손에 죽고 말았다. 그러므로 '게간이기(揭竿而起)'의 고사성어가 유래되었다.

## 진시황의 즉위배경과 그의 출생비밀 그리고 여불위(나라를 훔친 큰 장사군)

진시황의 아버지 자초(子楚)는 진나라 소왕(昭王)의 둘째 아들 안국군(安國君)의 서자였으므로, 왕위계승 서열과는 전혀 상관없는 인물로, 조나라에 인질로 와 있었다.

전국시대에는 약자가 강자에게 보내는 인질은 태자급인 중요한 인물이어야 했지만, 강자가 약자에게 보내는 인질은 그다지 비중이 없는 인물 왕족이면 되는 관습이 있었는데, 이 관습을 통해서도 강국인 진나라에서 약국인 조나라로 보내진 자초의 신분을 알 수 있다.

진나라 태자가 죽자 안국군이 태자가 되지만, 안국군은 20여 명의 아들이 있었고, 또 자초의 신분과 인질로 잡혀 있다는 점으로도 자초는 왕위와는 거리가 멀었다.

자초는 조나라에서 거상 여불위를 만나게 되는데, 여불위는 사람을 사고 파는 정치적 감식안을 가진 장사꾼이었다. 그는 자초를 진나라 후계자로 만들어 주겠다고 하자, 자초는 그렇게 된다면 진나라를 여불위와 함께 누릴 것을 약속하였다. 여불위는 물심양면으로 로비를 하였다.

조나라 수도 한단(邯鄲)은 미인이 많기로 유명하였는데, 여불위는 총애하는 미녀가 있었고, 자초는 여불위와의 술자리에서 그녀를 만났는데, 당시 그 여인은 임신 중이었고, 그녀는 물론 여불위는 임신사실을 숨긴 채, 그 여인을 자초에게 주었고, 그녀는 아이를 낳았다. 그 아이가 바로 훗날 진시황 정(政)이다. 자초는 정을 자신의 아들로 여기고, 그녀를 부인으로 맞았다. 결국, 이는 여불위가 자신의 아들을 진나라 왕이 되게 하는 장사였던 것이다.

6년 후, 소왕이 죽고, 안국군 효문왕(孝文王)이 즉위하자, 자초는 태자가 되었다. 효문왕은 즉위 3일만에 죽었고, 자초는 진나라 왕이 되었는데 그가 바로 장양왕(莊襄王)이다. 여불위는 장양왕의 승상이 되었고 진나라 최고의 공신이 되었다.

장양왕은 즉위 3년 만에 죽고, 진시황이 왕이 되었지만, 그 때 그의 나이는 13세에 불과하여 그의 어머니 태후와 여불위가 정사를 보았다. 여불위의 권세는 하늘을 찌를 정도였다. 그러나 9년 후, 진시황은 친히 정사를 다스리게 되자, 여불위의 관직을 파면, 낙향해 은거하도록 하였다. 2년 후, 여불위는 진시황이 자신을 참형할 것이라 여겨 스스로 독약을 먹고 자결하였다. 결국 여불위는 그의 아들을 두려워하여 목숨을 끊었다.

## 진나라에 대항한 항우(項羽)와 유방(劉邦)

중국 최초의 농민봉기는 비록 진압되었으나 이에 이어, 항우(項羽)와 유방(劉邦)은 진나라에 대한 대항을 계속하였다. 항우는 거록(居鹿) 지금의 하북성 평향(平鄕)에서 진의 주력부대를 대파하였고, 유방은 진의 수도 함양(咸陽)을 함락하였다. 진나라는 결국 기원전 207년 멸망하고 말았다.

항우는 자신을 '서초패왕(西楚霸王)'이라 자칭하고, 유방을 한왕(漢王)으로 봉했다. 항우와 유방은 기원전 206년을 시작으로 4년 동안 황제가 되기 위한 싸움을 했는데, 이를 '초한전쟁(楚漢戰爭)'이라 한다. 항우는 전국시대 초나라 귀족출신의 장군으로, 강직하고 일편단심의 성품을 가진 반면, 유방은 농민출신으로, 교활하고 여자를 밝히는 면이 없지 않았지만, 그는 민심과 자신을 보좌할 인재에 신경을 썼다.

기원전 202년 유방은 대군을 이끌고 항우의 군대를 몇 겹으로 에워쌌다. 항우는 애첩인 우희(虞姬)와 결별하고 병사를 이끌고 한나라 포위망을 뚫고 탈출하였으나 유방의 추격으로 끝내 오강(烏江) 지금의 안휘성 화현(和縣)에서 유방의 군사에게 포위되어 자살하고 만다.

항우와 우희의 사랑이야기를 다룬 그 유명한 '霸王別姬(패왕별희: 패왕이 애첩을 떠나다)'란 전통극이 전하고 있고, 오늘날까지 공연되어지며, 사람들의 사랑을 받고 있다.

| 영화 속의 패왕별희

**'사람을 죽이기 위해 마련된 연회'란 뜻인 '홍문연(鴻門宴)'의 유래배경**

진나라가 멸망할 때, 유방의 군대는 항우 군대의 1/4에 불과했다. 항우는 홍문(鴻門), 지금의 섬서성 임동(臨潼)에서 유방을 초대하였다. 흥을 돋우기 위해 초나라 대장의 칼춤이 있었는데, 그 칼춤은 바로 유방을 죽이기 위한 함정이라고 생각하여 유방은 기회를 틈타 도망 나왔다. '홍문연(鴻門宴)' 고사는 바로 여기에서 유래된 것이다.

**사마천(司馬遷)의 ≪사기(史記)≫**

이 책은 전설적인 인물인 황제(黃帝)에서 한무제(漢武帝)에 이르는 약 3,000여년에 달하는 중국의 방대한 역사를 서술하고 있고, 정치 · 경제 · 문화 · 군사 등 여러 방면의 내용으로 이루어진 최초의 기전체(紀傳體) 통사(通史)이며, 가장 유명한 역사서이다. 기원전 104년부터 편찬하기 시작하여 한무제가 죽은 이후에도 그 책은 계속 편찬되어졌다.

**반고(班固)의 ≪한서(漢書)≫**

이 책은 동한(東漢), 64년부터 20년을 거쳐 편찬 완성된 서한(西漢)시대의 역사를 서술하고 있고, ≪사기≫에 이어 두 번째의 유명한 역사서이자, 최초의 기전체 단대사(斷代史)이기도 하다.

## 한(漢)왕조(기원전 202년~서기 220년)

### 전한(前漢)과 후한(後漢)

항우와의 전쟁에서 승리한 유방은 국호를 '한(漢)'으로, 수도를 장안(長安) 지금의 서안(西安)으로 정하고, 한(漢) 왕조를 세웠다. 그가 한고조(漢高祖)이다.

한고조로부터 60여 년이 흘러, 한무제(漢武帝) 유철(劉徹: 기원전 140년 - 기원전 87)에 이르러 한나라는 성세를 누렸다. 그는 ① 중국 사람들로 하여 더 이상 중국의 최초 통일국가 진(秦)을 중심으로 한 표현, 즉 '진인(秦人)' 등 말을 금지시켰고, 대신 현재 사용하고 있는 '한인(漢人)' · '한족(漢族)'이란 말을 사용하도록 하였다. ② 유가(儒家)를 국교(國教)로 정하고 다른 사상은 모두 배척하였다. ③ 중국 서부 개척에 많은 위업을 세웠고, 비단길을 개척하게 되었다. 원래는 흉노족을 토벌하기 위하여 장건(張騫)에게 군대와 소 · 양 · 재물을 주어 서역으로 파견하였지만, 여기에서 한나라와 서역의 왕래가 비롯되었다. 한나라는 또 지금의 신강성에 서역도호부(西域都護府)를 설치 · 관리하여, 중국의 비단과 서역의 특산품 무역이 시작되었다. 결국 중국과 서역을 이어주는 비단길, 실크로드가 개척되었고, 이 비단길은 장안에서 지중해와 로마제국에 이르렀다.

한나라 말, 외척이 득세하여, 외척 왕(王)씨 일족이 위세를 떨쳤다. 한나라는 결국 외척인 왕망(王莽)에 의하여 멸망하였고, 호족출신 한나라의 핏줄인 유수(劉秀)가 왕망을 물리치고, 낙양(洛陽)을 수도로 삼고, 한나라를 재흥시키니, 한나라는 전한과 후한으로 나누어진다. 또 서한(西漢)과 동한(東漢)으로도 불린다.

유수 광무제(光武帝)부터 외척을 철저히 경계하였다. 그러나 4대 임금, 10세에 불과했던 화제(和帝)에 이르러 외척의 섭정이 다시 시작되었고 환관이 득세하였다.

### 위진남북조(魏晋南北朝) 시대(220년~589년)

– 삼국시대와 위나라(220년~280년)
진(265년~420년)
남북조(420년~589년)

후한 말 '황건(黃巾)의 난'을 계기로 천하는 촉한(蜀漢) · 위(魏) · 오(吳)로 삼분되어 대치되는 '삼국시대(三國時代)'로 접어든다. 삼국시대의 역사는 비록 짧았으나, ≪三國志≫라는 소설을 통해 우리에게 잘 알려져 있듯이, 결국 위나라가 역사의 승리자가 된다.

위나라 대신인 사마염(司馬炎)은 위나라 정권을 탈취하고 진(晋)나라를 세웠다. 그 후 '팔왕(八王)의 난'은 '영가(永嘉)의 난'을 부르고, 영가의 난은 진을 멸망시켜, 중국 북쪽에는 이민족이 5개 나라를 세웠고, 남쪽에는 한족이 16개 나라를 세워 '오호십육국(五胡十六國)', 즉 '남북조시대'를 열었다.

#### 삼국시대의 영웅들

위나라 조조가 먼저 중원지역, 당시 중국영토의 절반을 차지하였고, 오나라의 손권(孫權)과 유비(劉備) 역시 중국 남쪽지역에서, 손권은 동쪽, 유비는 서쪽(현 사천지역)을 각각 차지하였다. 위 · 오 · 촉의 영토비율은 대략 6 : 2 : 1 정도였다.

**한나라의 두 명의(名醫)**

동한 말엽, 화타(華陀 : 약 141–208)는 안휘성 사람으로 외과기술이 뛰어났는데, 그는 서방국가보다 약 100년 먼저 마취약을 발명, 인체를 해부하여 간단한 수술을 할 수 있었다. 그는 또 침구술(針灸術)에 능하였으며, 각종 동물을 모방하는 독창적이고 독보적인 신체단련법을 발명하여 환자에게 전수하였다.

장중경(張仲景 : 150–219)은 하남성 사람으로 고대의학 연구는 물론 민간 비방을 수집하여, 약에 대한 처방과 중의학(中醫學)의 이론을 다룬 ≪상한잡병론(傷寒雜病論)≫을 편찬하여, 중의학의 기초를 닦아놓았다. 하남성 남양(南陽) 장중경의 묘에서 출토된 '침구도인상(針灸陶人像)'은 동한시대 중국의 중의학이 이미 발달되었음을 입증해주고 있다.

일각에서는 ≪삼국지≫는 위나라가 아닌 촉나라 입장에서 서술한 것이기 때문에, 역사의 승리자이자 문학가인 위나라 조조(曹操)보다 촉나라 유비(劉備)의 인품을 더 좋게 묘사하고 있다고 한다. 아무튼 유비에게는 신의로 유명한 관우(關羽)와 힘이 장사인 장비(張飛) 의형제가 있었고, 또 '삼고초려(三顧草廬)' 하여 탁월한 지혜와 전략으로 유명한 군사전략가이자 정치가이며, 철학가인 제갈량(諸葛亮: 181~234, 산동성인)을 얻어, 그의 권고로 손권과 연합하여 조조에 대항하여 승리를 거두는데, 이 전쟁이 바로 그 유명한 '적벽대전(赤壁之戰)'이다. 제갈량의 자(字)가 공명(孔明)이라 그를 또 제갈공명(諸葛孔明)이라 한다. 아쉽게도 234년 북벌전쟁 군영에서 죽고 만다. 그는 별자리를 볼 줄 알았기 때문에 하늘에서 떨어지는 별을 보고 자신의 운이 다한 것을 예측했다고 한다.

## 수(隋)왕조(581년~618년)

581년 수문제(隋文帝) 양견(楊堅)이 북주(北周)를 멸망시키고 수(隋)나라를 세웠다. 589년 수나라는 또 진(陳)을 멸망시켜 남북을 통일하였으나, 618년 수양제(隋煬帝)는 농민봉기 와중에 자신의 부하에게 살해되자, 수나라는 곧 멸망하고 말았다. 비록 짧은 통치기간이었지만, 수양제는 남북의 물자교류 확대를 위하여 북으로는 지금의 북경에서 남쪽으로는 지금의 항주에 이르는 대운하(大運河)를 착공 완공시켰다. 수양제가 이 대운하로 남쪽으로 유람하였는데, 수행한 배는 수천 척에 달했고, 이 배들은 약 200여 리 꼬리에 꼬리를 물었다고 한다.

## ◎ 당(唐) 왕조(618년~907년)
### – 당시(唐詩)

618년, 수양제 때 일어난 농민봉기를 틈타, 당시 수나라의 고위관리였던 이연(李淵) 부자가 반란을 일으켜 장안(長安: 현 서안)을 수도로 나라를 세웠다. 그 나라가 바로 당(唐) 왕조이다. 627년에 즉위한 당태종(唐太宗) 이세민(李世民)의 연호는 정관(貞觀)이었고, 그는 수나라의 멸망을 거울로 삼고, 백성들을 위한 정치와 사회경제의 발전을 이루하면서 당나라의 기반을 견고하게 하므로 역사에서는 당태종을 비롯하여 무칙천(武則天)에서 당현종(唐玄宗) 전기까지를 '개원성세(開元盛世)' 또는 '정관의 정치(貞觀之治)'라고 한다.

당나라 때는 정치 · 경제 · 외교 · 과학기술 · 문화가 전에 없는 번영과 성과를 이루었고, 당나라의 영토 역시 전에 없이 확장되었다. 시(詩)는 당나라에 이르러 최고의 발전을 이루면서, 시(詩) 문학의 쌍벽을 이룬 시선(詩仙) 이백(李白)과 시성(詩聖) 두보(杜甫)를 비롯하여 훌륭한 시인들이 많았다. 현장법사(玄奘法師)가 불교의 발원지인 천축(天竺: 지금의 인도)으로 가 15년 동안 유학을 한 후, 불경(佛經)을 장안으로 가져와 1,300여 권의 불경 번역서를 탄생시킨 일 역시 당태종 때이다.

당나라의 이러한 발전은 발전에 발전을 거듭하여, 아시아 여러 나라에 영향을 많이 끼쳤다. 당나라는 당시 세계에서 손꼽히는 번영국가였다. 당나라 수도 장안은 중국의 정치 · 경제 · 문화의 중심이었을 뿐 아니라, 아시아 국가들의 경제 · 문화의 교류 중심지이기도 하였다. 우리나라의 '장안에 화제'라는 말은 바로 여기에서 비롯되었다. 지금 해외에서는 중국인을 또 '당인(唐人)'이라 부르며, 미국에서 차이나타운을 '당인가(唐人街)'라고 한다.

**북송시대(北宋時代)의 양가장(楊家將)**

양가장(楊家將)은 '양씨 집안의 장군들'이란 뜻으로, 중국 민간 고사로 널리 알려져 있으며, 전통극으로도 공연되고 있다.

북송시대는 북방 거란(契丹: 916년부터)이 947년에 요(遼)나라를 세운 후, 중국은 요나라의 침략을 받았다. 980년 요나라가 10만 대군을 이끌고 북송에 쳐들어오자, 양가장의 주요 인물인 양업(楊業)은 겨우 몇 천 명 병사로 대항하여 승리를 거두었고, 몇 차례 대승을 거두자, 요나라 군대는 '양(楊)'자가 있는 군기만 봐도 놀랐다고 한다. 그 후 양업은 요나라 포로로 잡혀 사흘 동안 단식하여 목숨을 거두었다.

그 이후 양업의 자손들은 가업을 이어받아 모두 송나라 변경을 지키는 장군이 되었다.

'양가의 여장군'이란 전통 경극이 지금의 중국에서 공연되고 있다.

## 오대십국(五代十國)(907년~960년)

당나라가 멸망한 후, 중국은 약 53년 동안 북방은 후량(後梁)·후당(後唐)·후진(後晋)·후한(後漢)·후주(後周) 등 순으로 나라를 세웠는데, 이를 오대(五代)라고 한다. 이 기간, 남쪽에서는 십여 개 정권이 등장하였으므로 이를 십국(十國)이라 한다.

## 송(宋) 왕조(960년~1276년)

### – 송사(宋詞)

후주(後周: 951~960)의 왕이 죽고 어린 아들이 재위하자, 후주의 장수 조광윤(趙匡胤)은 기회를 틈타 왕권을 빼앗아 개봉(開封)을 수도로 삼고, 송(宋) 왕조를 세웠다.

1127년 여진족(女眞族)의 귀족이 금(金)나라를 세워 개봉까지 침략해 오자, 송나라 왕 조구(趙構)는 남쪽 항주(杭州)로 도망가 항주를 수도로 삼았다. 그러므로 송나라는 북송(北宋)과 남송(南宋)으로 나누어진다.

### 청렴하고 공평무사한 법관 포청천(包靑天: 푸른 하늘처럼 공평무사한 포공)

| 영화 속의 포청천

| 영화 속의 형 기구

포청천의 이름은 포증(包拯: 999~1062)이며, 북송시대 안휘성 합비(合肥: 허페) 사람이다. 그는 사심 없이 공평하게 법을 집행하였고, 청렴한 법관으로 고관이 된 이후에도 그는 일반 백성들처럼 생활하였다. 오늘날까지 중국 사람들의 칭

송을 받고 있고, 사람들은 그를 '포청천(包靑天)' · '청천 할아버지(靑天老爺)' · '포공(包公)'이라 부르며, 그와 관련된 많은 전설이 중국 민간에서 널리 퍼져있다.

그는 검은 얼굴에 이마 중앙에는 반달 모양의 흉터가 있는 모습을 하고 있다.

## 애국 명장(名將)이자 애국 사인(詞人) 악비(岳飛)

악비는 남송시대 금나라의 침략을 대적하는 유일한 명장이었다. 악비의 집안은 가난하여 주경야독하여 무예가 뛰어 났고, 그의 일생은 그의 어머니가 등에 새겨준 '정충보국(精忠報國: 충성을 다하여 나라에 보답하다)'을 지켰다. 그러나 송고종(宋高宗)이 금나라와 화친을 맺으면서, 황제는 악비의 소환을 명령하였고, 이러한 잇달아 전해 오는 소환명령에, 악비의 10년 전투생활은 하루아침 물거품이 되었고, 그가 조정으로 돌아오니, 그를 기다린 것은 감옥생활이었다. 진회(秦檜)는 근거 없는 날조된 죄명을 그에게 씌워 그를 모함하여 그를 한 칼 한 칼 베어 죽였다.

| 악비묘의 악비상

| 악비묘의 악비 벽화

그의 '만강홍(滿江紅)'이란 송사(宋詞)가 중국 문학사에 전하고 있다. 그는 이 사(詞)에서 나라를 걱정하고, 목마르면 흉노족의 피를 마신다는 비참한 전쟁터의 상황을 노래하고 있다. '만강홍'은 오늘날까지 중국 사람들의 사랑을 받으며 불러지고 있다.

항주(杭州) 서호(西湖)에 있는 악비의 묘 '악왕묘(岳王廟)' 충열사(忠

**청명상하도(淸明上河圖)**

북송 말 남송 초 사람인 장택단(張擇端)의 그림 '청명상하도(淸明上河圖)'는 사회풍속화 가운데서 가장 유명한 걸작이다. '청명상화도'는 청명절, 북송의 수도 개봉 변하(汴河)의 사회풍경을 그린 것이며, '교외(郊外)' · '홍교(紅橋: 무지개다리)' · '가경(街景: 거리풍경)' 총 3부분으로 나누어진다. '홍교' 위에 꼬리에 꼬리를 물고 지나가는 인파 그림은 사람들의 시선을 끈다. '가경'은 800여 명의 사람 · 94마리의 짐승 · 170여 그루의 나무와 없는 것이 없는 상점 · 건축물 · 거리 행상들의 모습 · 강을 운행하는 배들 · 뱃사람들 · 한가로운 모습을 한 사대부들 · 마차 · 낙타 · 가마 · 성루 등등 실물처럼 그려져 있다. 이 그림은 현재 북경 고궁박물관에 소장되어 있다.

烈祠) 안 악비 상 위에 그가 쓴 "환아하산(還我河山: 우리의 강산을 돌려줘)" 네 글자가 있다. 그리고 승전하고 돌아오는 그를 그린 벽화가 있고, 묘 앞에는 또 무릎을 꿇은 진회좌상이 있다. 한 진(秦)씨 성을 가진 관리가 악비의 묘에 가서 그에게 절을 하면서 "송나라 이후 사람들은 회(檜)란 이름을 가진 것을 수치로 여겼는데, 나는 심지어 진(秦)씨 성을 가진 것을 모욕으로 여긴다"라고 하였다. 이와 같이 오늘날의 중국 사람들은 악비를 생각하고 존경하는 마음이 끊이지 않고 있다.

## 원(元) 왕조(1271년~1368년)

- 몽고족이 통치한 왕족
- 원곡(元曲)

1271년 중국 북방을 차지한 쿠빌라이가 수도를 대도(大都: 지금의 북경)로 정하고, 국호를 '원(元)'이라 정하였다. 1276년 쿠빌라이가 항주를 점령하자, 남송은 멸망하였고, 중국은 역사상 처음으로 이민족 손에 나라가 통치되었다. 원나라는 또 티베트문자를 모방한 '파스파(八思巴)' 문자를 만들어 중국문자인 한자를 대신하려고 하였다.

원나라는 아시아는 물론, 유럽 · 아프리카와도 교류가 활발하게 이루어졌다. 쿠빌라이 시대에 그 유명한 이탈리아인 마르코 폴로가 중국에 왔다. 그는 4년의 고된 여정 끝에 중국에 도착하여 중국에서 17년 동안 머물다가 돌아간 후 중국을 서양에 알렸다. 마르코 폴로의 중국 이야기를 듣고 기록한 책이 바로 ≪동방견문록≫이다.

## 명(明) 왕조(1368년~1644년)

| 명나라 마지막 황제가 목 매달아 죽은 경산공원

14세기 중엽, 원나라 말 경제발전은 쇠퇴하고, 황하는 여러 차례 범람하여 대규모의 농민봉기가 일어났다. 주원장(朱元章)는 가난한 농민출신으로 농민봉기에 참가하였는데, 봉기군의 우두머리가 죽자, 그가 봉기군 수장이 되었다. 그는 원나라 군대를 물리치고, 또 다른 여러 봉기군을 물리친 후, 1368년 남경(南京)에서 나라를 건립, 국호를 명(明)으로 정하였다. 그리고 원나라 수도 대도를 함락시키고 중국을 통일시켰다.

명나라 말은 안으로는 환관의 정치 농단과 관료·지주들의 횡포, 그리고 폭동, 밖으로는 만주족의 침략으로, 혼란된 시국으로 빠졌다. 마침내 1644년 농민반란을 일으킨 이자성(李自成)이 북경을 함락시켰고, 명나라 마지막 임금은 북경의 매산(煤山) 지금의 경산(景山)에서 목을 매달아 자살하므로, 명나라는 멸망되었다. 이자성의 북경 입성 소식을 들은 만주족은 군대를 이끌고 산해관(山海關)을 넘어 북경으로 쳐들어와 이자성이 이미 빠져나간 북경에 입성하였다. 이자성은 외지에서 전투를 벌였으나 끝내 전사하고 말았다. 그러므로 중국은 또 다시 이민족인 만주족의 통치를 받는 신세가 되었다.

**고양이에게 생선을 맡긴 골이 된 중국**

산해관(山海關)은 예로부터 만주족의 중국 침략을 저지하는 요충지이다. 이자성이 북경을 함락시킬 무렵, 산해관에는 명나라 장수인 오삼계(吳三桂)가 대군 을 거느리고 있었다. 그는 이자성의 북경 함락과 만주족의 중국 침략이란 두 세력 사이에서 곤란에 빠져 있을 때, 그의 아버지와 애첩이 이자성에게 잡혀갔다는 소식을 듣고, 청나라의 힘을 빌려 이자성을 치겠다는 생각에 만주족에게 요청의 서신을 보내었고, 산해관의 문을 만주족에게 열어 주었다.

## 청(淸) 왕조(1636년~1911년)
### – 만주족이 통치한 왕족

금(金)나라를 세운 여진족은 1635년 '여진(女眞)'을 '만주(滿洲)'로 바꾼 후, 이듬해 다시 '청(淸)'으로 바꾸었다. 그리고 1644년 산해관을 넘어 북경에 입성한 후, 중국을 통치하였다. 그러므로 중국 사람들은 이 왕조의 정부를 또 '만청정부(滿淸政府)'라고 한다. 이와 같이 원나라를 세운 몽고족에 이어 중국 역사에서 두 번의 이민족의 통치 왕조가 이루어졌다. 1840년에 일어난 '아편정쟁(阿片戰爭)'을 기점으로 중국근대사가 전개된다.

청나라 마지막 황제 부의(溥儀)는 청나라가 멸망한 후, 13년 동안 황궁인 자금성에 거주하다가 옮겨 나와, 일반 국민으로 살다가 1949년 중국이 공산화된 후 공산당에게 잡혀 비참한 만년을 보내게 된다. '마지막 황제(末代皇帝)'란 영화는 부의 황제의 생애를 그린 영화이다.

**명 · 청의 '4대기서(四大奇書)'**
명대와 청대에는 고전 장편소설이 성행하여, 결국 ≪삼국지(三國志)≫ · ≪서유기(西遊記)≫ · ≪수호전(水滸傳)≫ · ≪홍루몽(紅樓夢)≫ 등 걸작이 나오게 되었다. ≪홍루몽(紅樓夢)≫에 대한 학문적 연구가 활발해지자, 하나의 문학장르로 연구되어지고 있는데, 즉 '홍학(紅學)'이라고 한다.

## 종이(제지술) · 인쇄(술) · 지남침 · 화약 등 '중국의 4대 발명'

채륜의 제지술: 후한(後漢) 환관 채륜(蔡倫)이 종이를 만들었다고 한다. 전한(前漢) 시기에 이미 종이가 출현하였으나, 채륜의 제지술 개선으로 쓰는데 불편이 없는 종이가 만들어졌다.

종이의 보급은 중국 서예(書藝) 발전에 큰 영향을 미쳤다. 그 후, 종이는 죽간(竹簡)과 비단을 대신하여 널리 사용되게 된다. 종이 발명 이전에는 갑골(甲骨) · 금동기(金銅器) · 죽간(竹簡) · 비단 순으로 사용되어져 왔다.

나침반: 2천년 전 전국시대 천연 자석을 갈아서 만든 '사남(司南)'이란 원시 지남침이 있었지만, 성능이 개량된 나침반의 출현은 송(宋)대 인조자석의 발명에 이르러 시작되었다. 남송 시기 활발했던 해외무역에 지대한 도움을 가져다 주었다.

인쇄술: 수(隋) 나라 때, 조판(雕版) 인쇄가 발명되었으나, 그 단점을

보완하여 경제적이고 시간도 절약되는 활자(活字) 인쇄가 발명 된 것은 북송 시기 필승(畢昇)이란 인쇄공에서 시작되었다. 인쇄술의 발명은 인류문명의 발전에 한 획을 그었다.

화약: 화약 제조방법을 기록한 서적은 당나라 중기에 있었고, 말기에 와서는 화약을 군사에 사용하기 시작하였다. 송나라에는 폭죽 · 사냥 등 일상생활에 광범위하게 사용되었고, 화전(火箭) · 돌화창(突火槍: 화약을 죽통에 넣어 돌로 만든 지금의 탄알과 비슷한 것을 장전하는 무기다) 등 화약무기를 발명 제조하였다. 돌화창은 '원시 총'으로 인류 최초의 총이다.

8장

# 4대 직할시와 관광명소

# 1. 천 년의 수도, 북경(베이징)

북경은 지금 중국의 수도일 뿐 아니라, 금(金)·원(元)을 거쳐 현재까지 약 900년의 수도역사를 지니고 있으며, 연경(燕京: 옌징), 북평(北平: 베이핑) 등 지명을 거쳐 지금의 북경에 이르게 된다. 북경은 중국의 정치·경제·문화·과학기술의 중심지인 동시 중국 최대 소비시장이다.

북경에는 가 볼만한 곳이 아주 많은데, 중요 관광지만 다음과 같이 여행해 본다.

### 천안문광장(天安门广场: 텐안먼광창)

북경 심장에 위치하고 있고, 100만 명을 수용할 수 있는 대광장이다. 또 천안문광장은, 북경의 상징이며, 모택동이 중화인민공화국을 선포한 장소이며, 젊은이들이 자유를 부르짖으며 죽어간 민주화 광장이다. 또한 광장 한 편에는 자금성(紫禁城) 고궁(故宮)과 중산공원(中山公园)이 있고, 혁명기년관·중국인민대회당·중국역사박물관·모주석기념당이 있다. 모주석기념당에는 모택동의 시신이 소재하고 있는데, 시체는 수정관에 보관되어 있어 변질되지 않았고, 얼굴은 죽을 때 그대로의 모습을 하고 있으며, 몸에는 오성기로 덮어져 있다. 12월 초에 대중들에게 개방하고 있다.

| 천안문 광장과 자금성

| 자금성 내부

### 자금성(紫禁城 : 즈진청), 고궁(故宮 : 꾸공)

명대와 청대의 황궁이었고, 현재는 박물관이 되었다. 방이 9천여 개에 이르며, 하루에 한 방씩 옮겨 잔다고 해도 27년의 시간이 걸린다. 1987년 유네스코 세계문화유산으로 등록되었다.

### 이화원(颐和園 : 이허웬)

원대와 명대 황제의 정원으로, 청대에 개축되어 청의원(淸漪園)으로 개칭하였다. 그러나 1860년 영국과 프랑스의 연합군에 의하여 불에 타 버렸다. 청나라 자희태후(慈禧太后: 츠시타이허우)는 이화원을 매우 애지중지하여, 3천만 냥의 은 경비를 들여 정원을 재건하여 '이화원'이라 불렀다. 이화원에는 전체 길이가 약 730미터가 되는 긴 복도 장랑(長

| 이화원

| 이화원 호수 위의 불향각

| 이화원 17공교(十七孔 )

廊)이 있고, 만수산(萬壽山)·곤명호(昆明湖)·불향각(佛香閣)이 있다. 이화원은 중국에서 가장 큰 고대정원이며, 물과 산이 모두 겸비된 세계적인 정원이다. 유네스코 세계문화유산으로 등록되어 있다.

### 천단(天壇: 텐탄)

천단의 상징물은 기년전(祈年殿)이며, 원명은 천지단(天地壇)이다. 외각에는 회음벽(回音壁)이 있는데, 음파가 연속 반사하는 원리로 지은 건물이다. 벽 이쪽에서 낮은 소리말을 해도 벽 저쪽에서 들린다.

북경의 특산은 옥·상아 조각품과 경태람(景泰兰: 징타이란) 등이 있다.

| 천단공원

| 경태람(景泰兰: 징타이란)

# 2. 최대의 항구 경제 도시, 상해(샹하이)

상해는 중국의 제일 큰 항구이며, 세계에서 세 번째로 큰 항구이다. 무역 · 금융 · 문화의 중심지로, 수출 무역 총액은 중국 전체 무역 총액의 1/4를 차지, 중국 최대의 무역 총액을 자랑한다. 이곳은 또 중국 역사상 문호개방을 가장 먼저 한 도시로, 고풍격의 서양식 건물이 많아 중국 내에서의 이국적인 분위기를 맛 볼 수 있다. 시민들의 의식은 서구적이고 교양이 있는 편이다.

상해에는 황포강(黄浦江: 황푸쟝) 가에 우뚝 솟아 있는 송신탑인 동방명주(东方明珠: 동팡밍쭈) · 외탄(外滩: 와이탄) · 남경보행가(南京步行街: 난징부싱제) · 예원(豫园: 위웬) 등 관광명소와 경제특구인 포동(浦东: 푸동)이 있다.

| 푸동의 동방명주와 금무대하(金茂大廈: 진마오따싸)

| 와이탄

# 3. 북경의 외항, 북방의 경제 도시 천진(天津: 텐진)과 산의 도시 중경(重庆: 총칭)

## 천진

북경의 관문이자 중국에서 두 번째로 큰 항구이며, 중국 북방지역의 경제 · 공업의 심장이다. 가 볼만한 곳은 고문화가(古文化街: 옛 문화 거리) · 수상공원(水上公园)이 있다. 수상공원은 남개대학(南开大学) · 천진대학(天津大学) · 천진상대(天津师大)가 밀집되어 있는 곳에서 걸어서 10분이면 도착한다.

천진은 또 양류청 연화(楊柳青年画) · 니인장(泥人张) 채색 토우 · 위기(魏记) 연 · 각전류(刻塼刘) 등 '4대 민간예술' 즉, '천진사예(天津四艺)'로 유명한 곳이다.

| 장수의 복숭아(壽桃 : 양류청연화)

| 옛 문화거리

| 니인장 채색토우

## 중경

사천분지(四川盆地) 동남쪽에 위치하고 있다. 구릉이 많아 '산의 도시'로 불리며, 또 무한 · 남경과 더불어 중국의 '3대 화로'로도 불린다. 중경은 중국 서남부의 공업 · 경제 중심지이다. 대족현(大足縣: 따쭈셴)의 대족석각(大足石刻)이 가 볼만 한 곳인데, 이곳에는 5만여 종의 천태만상의 조각 불상들이 있다. 이러한 대규모의 조각상들은 당대와 송대에 250여년을 거쳐 만들어졌다. 현재 유네스코 세계문화유산으로 등록되어 있다.

| 대족석각

# 4. 지도를 통해 유람하면 더욱 유익한 중국의 관광명소

관광지식 알아두기

서울에서 중국 주요 도시와의 직항노선이 이루어지고 있고, 주요 항공사는 대한항공(KE) · 아시아나항공(OZ) · 중국의 중국국제항공(CA) · 중국동방항공(MU) · 중국남방항공(CZ) · 중국북방항공(CJ) 등이 운항하고 있다.
중국에 가려면 비자발급을 해야 한다. 그러나 남부의 경제특구와 대만은 비자 없이 갈 수 있다.

## 만리장성(万里长城: 완리창청)

중국인들은 또 '장성(长城: 창청)'이라고 한다. 북방 흉노족의 침입을 막기 위하여 진시황이 중국을 통일한 후 건축한 것이다. '팔달령(八达岭)'은 군수품을 운반하기 위하여 마차가 다닐 수 있는 곳이며, '거용관(居庸关)'은 경사가 많은 곳이다. 북경 북쪽에 있으며, 북경으로부터 버스로 약 3시간 정도 거리이다.

| 만리장성의 거용관

## 황산(黄山: 황싼)

황산은 안휘성에 있으며, 전설 속 임금 '황제(黄帝)'가 수련한 산이라

하여 '황산'이란 이름이 붙여졌다고 한다. 황산 전체가 붉은 화강암으로 이루어져 있고, 72개의 기봉(奇峰: 기이한 봉우리)이 있으며, '천하제일기산(天下第一奇山: 천하에서 제일 기이한 산)'이다. 기송(奇松: 기이한 소나무) · 괴석(怪石: 기이한 돌) · 구름바다(云海: 운해) · 온천 등은 황산의 4대 절경으로 세계적으로 유명하다. "오악에서 돌아오면 다른 산은 쳐다보지 않으며, 황산에서 돌아오면 오악을 쳐다보지 않는다(五嶽歸來不看山, 黃山歸來不看岳)"란 말이 있듯이, 황산의 산세는 수려하고 으뜸이다.

| 적벽에 매달린 계단

| 황산의 양 적벽을 가로 지르는 계단

황산은 사계절 마다 각 계절의 경치를 지니고 있다. 그밖에 '천연동물원' · '천하식물원'이란 미칭이 있으며, 1,500종의 식물과 500여 종의 동물이 있다. 피서지로도 유명하며, 또 중국 국가급 풍경 명승지역이자 요양피서지로 유명하다.

## 태산(泰山: 타이싼)과 오악(五岳)

오악은 동악인 태산(泰山: 타이싼, 산동성) · 서악인 화산(华山: 화싼, 섬서성) · 중악인 숭산(嵩山: 송싼, 하남성) · 남악인 형산(衡山: 헝싼, 호남성) · 북악인 항산(恒山: 헝싼, 산서성) 등을 말한다.

태산은 동쪽으로 바다를 향하고 있는 웅장한 산이다. 독특한 지리위치와 자연조건으로 인하여 '중국의 신산(神山)'이라 불리며, '오악독존(五嶽獨尊: 오악의 으뜸이다)' 으로도 불린다. 맹자는 "공자가 태산에 올라 천하가 작은 것을 알았다"고 하였다. 하(夏)나라 이후, 중국 역대 72명의 군왕과 제후들이 태산에 올라 돌에 글을 새겨 놓았다. 그러므로

| 태산 등 글들이 새겨진 암석

| 오악독존의 태산

| 태산의 십팔반(十八盤)

태산은 절간 · 석상 · 묘비 등이 많이 있으므로 다른 산과는 달리 '문화고적'이라고 할 수 있다. 태산에 한 번 오르면 10년을 장수한다는 속담도 있다.

태산 매점의 물건들은 모두 인부가 직접 등에 메고 운반하는데 이러한 광경이든, 2명의 인부가 교자(轿子)로 여행객을 산 정상으로 운반하는 광경은 모두 이색적으로 마음에 다가온다. 또한 중국인은 아직도 이렇게 힘든 일을 하는 모습에 감동을 받기도 한다.

| 음식물을 나르는 일꾼

화산은 적벽이 가파르고 기세가 험준하다. 송산은 소림사(少林寺)의 소재지로도 유명하다. 형산은 구름바다가, 항산은 웅장함과 험난한 산세가 특징이다.

## 계림(桂林: 궤이린)

광서에 위치하며 빼어난 자연환경을 자랑하며, '산수갑천하(山水甲天下: 산수가 천하에서 으뜸이다)'라는 명성을 가지고 있다. 소수민족들 또한 계림의 볼거리를 더욱 풍요롭게 하고 있다. 특히, 이강(漓江: 리쟝)은 세계에서 가장 아름다운 화랑(畵廊)이라고 하며, 중국 풍경선의 진주라고도 한다.

| 계림의 소수민족

| 계림 소수민족의 공연

| 계림

| 계림의 동굴

## 장강 삼협(长江三峡: 창쟝싼샤)

| 삼협민거(三峡民居)

삼협은 양자강이 무산(武山)을 관통하면서 형성된 협곡으로, 호북성 의창시(宜昌市)에서 사천성 백제성(白帝城)에 이른다. 오래 전부터 시작된 댐 공사로 절경이 일부 훼손되었지만, 협곡이 험준하고 물살이 세서 웅장한 장관을 이루며 빼어난 경관을 연출한다.

삼협댐 공사는 앞으로 아직 20여년간 지속되어진다고 하는데, 이 댐 공사로 인하여 수몰되는 성(城)만 해도 몇 개

| 조각루(弔脚樓)

에 달하며, 이주하는 사람도 10여년 계속 지속된다고 한다. 중국 삼협댐 공사는 세계적으로 드물고 힘든 공사이다.

### 북경과 대만의 고궁(故宮: 꾸공)

중국 북경에 있는 '자금성'은 청나라 마지막 황제인 부의(溥儀)가 1924년 자금성에서 나온 후, '고궁박물원(故宮博物院)'으로 탄생되었는데, 대만에도 고궁박물원이 있다. 대만의 '고궁'은 '국립고궁박물원(國立故宮博物院)'이라 한다. 대만의 고궁은, 1949년 국민당 당원 일가와 군사를 이끌고 가져갈 수 있는 것은 모두 대만으로 가져간 장개석에 의하여 건립되어졌다. 중국의 5천년사의 문물(文物)은 거의가 중국이 아닌 대만에 있다. 중국에는 거의 옮겨 갈 수 없는 것들만 남아 있다고 해도 과언이 아니다. 북경의 고궁 안은 텅텅 비어 있고 건물만 있다고 할 수 있으나, 건물 등 부동적인 문화재도 매우 많아, 중국을 다 돌아보기

| 대만의 국립고궁박물원 전문을 들어가서의 계단

| 대만의 국립고궁박물원

에는 길고 긴 시간이 소요된다.

| 서주(西周) 말엽 모공정(毛公鼎)의 명문(銘文)
출처_대만 고궁 소장

원래 북경 고궁박물원에 소장되어 있던 문물은 중화민국 시기 외세와의 전쟁으로 인하여 1931년부터 북평(北平: 현 북경)에서 남으로 이전하였는데, 북경에서 상해로, 상해에서 남경으로, 또 귀주(贵州)와 사천(四川)으로 옮겨졌다. 1948년 국민당 정부는 군함으로 대민의 제일 큰 항구 기룽(基隆: 지롱)으로 운반하기로 결정, 1965년 지금의 고궁이 완공된 후, 중국 5천년사의 문물이 비로소 정착되게 되었다.

| 돼지고기 돌
출처_대만 고궁 소장: 청대 작품

대만고궁박물원은 '세계 4대박물관'의 하나로, 대략 65만 점의 문물을 소장, 약 3, 4개월 한 번씩 문물을 교체하는데, 한 번 모두 교체하는 시간은 약 20년이 훨씬 넘는다고 한다. 대만 고궁의 가이드가 되려면 전문지식을 갖추어야 한다.

| 옥 배추 잎에 있는 사마귀
출처_대만 고궁 소장: 청대 작품

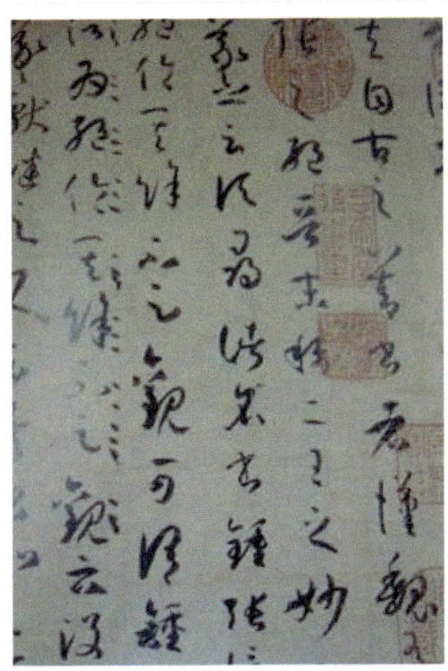

| 서예
출처_대만 고궁 소장

### 피서산장(避暑山庄: 비수싼장)

| 피서산장 내의 작은 역사공간

하북성 승덕(承德: 청더)시는 북경 동북쪽에 위치하며, 북경에서 기차로 3시간이 소요된다. 일명 '승덕리궁(承德離宮)' 또는 '열하행궁(熱河行宮)'이라고 한다. 청나라 때 87년을 거쳐 완공된 청 황제들의 여름 피서별장이었다. 중국역대 가장 큰 황실별장이다. 이곳은 또 청나라의 제2 정치 · 경제 중심지이기도 하다. 제주도처럼 말 타는 초원도 있고 옆에는 이동식 몽고주택인 숙박시설도 있다.

피서산장 주변에는 또 외팔묘(外八廟: 와이바먀오)가 있는데, 중국 8개의 절이 각각의 종교 · 건축의 특징을 가지고 있다.

| 외팔묘 내의 작은 티베트 포탈라궁

### 진릉 병마용(兵马俑: 빙마용)

진시황제의 지하궁전이다. 진시황릉과 무덤 안에 있는 실물 크기의 병사 · 마 · 활 · 전차 등을 가리킨다. 섬서성 임동현(临潼县)에서 발굴되었다. 1979년 박물관이 세워져 일반인에게 공개되고 있다.

| 병마용

| 병마용과 마

### 항주의 서호(西湖: 시후)

상해로부터 버스로 2시간 거리이며, 항주의 비단이 유명하다. 항주 서호의 물은 매우 맑고 투명하여 산 그림자가 비칠 때는 더욱 아름답다. 주변에는 여러 시대의 각종 누각과 불탑이 보존되어 있다. 장개석은 서호를 매우 좋아하여 대만에도 서호를 만들었다.

| 서호의 10경 중 한 곳

| 항주

### 소주의 원림(园林: 웬린)

상해로부터 1시간 거리이며, 소주는 예로부터 미인으로 유명하여, '소주의 여인과 결혼하라'는 말도 있다. 또한 원림이 유명한데, 남방 조림건축 예술의 정수로 알려져 있다. 창랑정(沧浪亭)·사자림(狮子林)·졸정림(拙政林)·유원(留园) 등 소주의 '4대명원(四大名园)'은 각각 송·원·명·청 시대의 건축을 대표한다.

| 졸정림

소주와 항주는 '어미지향(魚米之鄕: 고기와 쌀의 마을)'이라고도 하며, "하늘에는 천당이 있고 땅에는 소주·항주가 있다(上有天堂, 下有蘇

杭)"이란 말도 전하듯이 소주와 항주의 풍경은 이색적이고 아름답다. '호수와 물의 고장'이다.

| 창랑정

| 사자림

| 유원

| 물의 고장 소주

### 현공사(懸空寺: 쉔콩쓰)

현공사는 산서성 북쪽 대동(大同: 따통)시에 있다. 북경에서 버스 또는 기차로 3시간 거리이다. 현공사 부근 계곡에는 작은 마을이 있는데, 이곳 사람들은 외부와 단절된 산촌생활을 지낸다. '현공사'는 '공중에 매달인 사찰'이란 뜻인데, 정말 낭떠러지 암벽에 구멍을 뚫어 그다지 굵지도 않는 붉은 나무기둥 18개를 박아 그 위에 절을 세

| 현공사

운 것이다. 1,500년의 시간이 흘렀지만, 하중을 견디기에는 전혀 무리가 되지 않을 뿐 아니라, 3층 건물에다 규모는 작지만 동수만 40여 개가 된다. 정말 놀라운 '건축기술'이다. 사찰 내부에는 불상과 도상(道像)을 모두 안치하고 있다.

이 사찰은 1,500년 전 북위시대에 구겸지(寇謙之)라는 도사(道士)가 자신의 제자 이교(李皎)에게 이같은 사찰을 짓기를 유언함에 따라 지어진 것이다. 당시 사찰명은 불교의 의미를 나타내는 '현(玄)'자를 써서 '현공사(玄空寺)'라고 하였다.

현재까지는 현공사 시찰을 허용하고 있고, 하루에 관광객 100명만으로 제한하고 있다.

### 중국의 3대 석굴

대동(大同)의 운강석굴(云冈石窟: 윈강쓰쿠)과 삼국지의 무대인 낙양(洛阳: 뤄양)의 용문석굴(龙门石窟: 롱먼쓰쿠)은 돈황(敦煌)의 막고굴(莫高窟: 뭐까오쿠)과 더불어 중국의 3대 석굴로 알려진다. 돈황은 막고굴이외 벽화 등 불교 예술문화의 중심지이며, '돈황학(敦煌学)'이란 학문으로도 이루어진다. 용문석굴에는 50개의 불탑과 10만여 크고 작은 불상이 있는데, 중국 종교 · 서예 · 미술 · 건축 등 여러 방면의 귀중한 역사이며, 배움터이다.

| 대동의 운강석굴

| 낙양의 용문석굴

| 백두산의 천지

### 장백산(长白山: 창바이싼)의 천지(天池: 텐츠)

장백산은 바로 우리가 말하는 백두산이다. 백두산은 북한으로도 갈 수 있지만, 현재는 아쉽게도 중국 땅으로만 갈 수 있다.

21C 세계 속의 **중국**

초판인쇄 | 2021년 3월 5일
초판발행 | 2021년 3월 8일
저 자 | 왕옥지
발 행 인 | 이성범
발 행 처 | 문운당
주 소 | 서울시 종로구 혜화로5길 16(명륜1가 45-3)
전 화 | (02)762-6010
팩 스 | 영업 (02)745-0265 / 편집 (02)762-8758
홈페이지 | http://munundang.co.kr
이 메 일 | 영업 munun2@chollian.net
편집 mundundang@naver.com

ISBN 979-11-5692-557-6 03910



정가 22,000원